Die Autobiografie

ROBERTO BLANCO

Von der Seele

PLASSEN
VERLAG

Copyright 2017:
© Börsenmedien AG, Kulmbach

Umschlaggestaltung und Herstellung: Johanna Wack
Buchsatz: Bernd Sabat, VBS-Verlagsservice
Lektorat: Hildegard Brendel
Korrektorat: Claus Rosenkranz
Druck: GGP Media GmbH, Pößneck

ISBN 978-3-86470-540-3

Bibliografische Information der Deutschen Nationalbibliothek:
Die Deutsche Nationalbibliothek verzeichnet diese Publikation in der
Deutschen Nationalbibliografie; detaillierte bibliografische Daten
sind im Internet über <http://dnb.d-nb.de> abrufbar.

BÖRSEN MEDIEN
AKTIENGESELLSCHAFT

Postfach 1449 • 95305 Kulmbach
Tel: 09221-9051-0 • Fax: 09221-9051-4444
E-Mail: buecher@boersenmedien.de
www.plassen.de
www.facebook.com/plassenverlag

Eigentlich kommen Danksagungen ja immer zum Schluss. Aber ich will damit anfangen. Ich möchte mich nämlich bei Ihnen, mein liebes Publikum, bedanken. Dafür, dass ich seit über 60 Jahren dabei sein darf, im Showbusiness, auf der Bühne, in Ihren Herzen. Nur Sie haben mir das ermöglicht. Weil Sie mich immer unterstützt, beklatscht, geliebt und gefeiert haben. Weil Sie begeistert waren, mitgesungen und mitgeschunkelt haben, wenn ich „Ein bißchen Spaß muß sein" verkündete. Oder vom „Puppenspieler von Mexiko" erzählte. Sie haben mich aufgebaut, meine Musik und meine Lieder groß gemacht. Natürlich bin ich kein Heiliger, ich habe nicht immer alles richtig gemacht. Nobody is perfect. Und ab und zu hat mir das Schicksal auch eine ordentliche Ohrfeige gegeben. Umso mehr habe ich mich gefreut, wenn in diesen Zeiten ein Taxifahrer, der mich auf der Straße sah, neben mir anhielt und rief: „Hey, Roberto, wir sind auf deiner Seite!" Oder der Nachbar in der Kneipe plötzlich „Ein bißchen Spaß muß sein" pfiff. Aber am glücklichsten bin ich darüber, dass Sie immer an mich geglaubt haben. Sie haben mich oben gehalten. Ich hatte ein wunderbares Leben. Und habe es noch.

Ohne Sie, mein liebes Publikum, wäre ich heute nicht 80 Jahre alt, fröhlich und zufrieden. Danke.

Inhalt

Denk nicht eng,
sondern weit

1

A m Tag, an dem ich geboren wurde, trübte keine Wolke den Himmel über Tunis. Mein Vater sagte mir später, dass ich einen so positiven und fröhlichen Charakter und ein so strahlendes Lächeln hätte, weil mir eben an diesem 7. Juni 1937 die ganze Kraft der Sonne in die Wiege gelegt worden sei. Dies, gepaart mit dem kubanischen Temperament und dem musikalischen Blut meiner Eltern, hätte maßgeblich für meinen Erfolg gesorgt. Warum ich als Sohn von zwei Kubanern gerade in Tunesien zur Welt kam? Das ist eine interessante Geschichte … Also, von vorne.

❧

Meine Eltern Mercedes Blanco und Don Alfonso Zerquera stammten aus Kuba. Sie waren Künstler, Revuestars, und verdienten ihren Lebensunterhalt damit, in Clubs und Varietés zu tanzen und zu singen. Anfang der 30er-Jahre lebten sie in Cienfuegos, einer Stadt in Zentral-Kuba, die an der wunderbaren karibischen Küste liegt und wegen ihrer Schönheit auch die „Perle des Südens" genannt wird. Mittlerweile ist das Stadtzentrum sogar UNESCO-Weltkulturerbe. Früher war Cienfuegos das Zentrum der Zuckerindustrie, daran erinnern auch noch viele Kolonialvillen rund um den Parque Marti. Ein

Zuckerbaron hat auch einst das schönste Gebäude der Stadt zu Ehren seines Vaters gestiftet, das legendäre Teatro Tomás Terry. Ein prunkvolles altes Theater mit roten Teppichen, alten Fresken an der Decke, die Sitze und Logen sind mit edelsten Hölzern verkleidet, 1895 wurde es mit einer grandiosen Aufführung von Verdis „Aida" eingeweiht. Man kann sich heute immer noch gut vorstellen, wie die Zuschauer, natürlich äußerst elegant gekleidet, den Weltstars Sarah Bernhardt und Enrico Caruso zujubelten, die hier einst auftraten.

Und auch meiner Mutter Mercedes Blanco jubelten sie zu. Sie war Anfang der 30er-Jahre der Star am Teatro Terry. Das Publikum liebte sie! Von ihr habe ich meinen Namen. Ich werde nämlich oft gefragt, ob Blanco ein erfundener Künstlername sei. Nein, ist er nicht. Gucken Sie mal ins Telefonbuch, wie viele Menschen „Schwarz" heißen. Ich habe im Gegensatz zu vielen Kollegen keinen Künstlernamen.

✧

Meine Mutter war also die Haupttänzerin am Teatro Terry, sie war eine unglaublich charismatische und elegante Frau und mein Vater Don Alfonso Zerquera war ihr Tanzpartner, manchmal war auch der beste Freund der beiden, mein Nennonkel Ramon Ortiz, Teil ihres Programms. Während der Proben haben meine Eltern sich ineinander verliebt und später geheiratet. Meine Mutter war bereits einmal geschieden und brachte meine Halbschwester Lazara mit in die Ehe. Sie war zwölf Jahre älter als ich.

Freunde meines Vaters erzählten mir, dass sie selten ein so leidenschaftliches Paar erlebt hätten. Mein Vater war ein

Gentleman durch und durch. Er verehrte seine Frau und trug sie auf Händen.

Dann wurden meine Eltern von reichen Geschäftsleuten aus Havanna entdeckt, die die besten Tänzer aus Kuba mit einer außergewöhnlichen Revueshow rund um die Welt schicken wollten. 1935 fuhren sie mit dem Schiff nach Südamerika und dann nach Spanien. Das war das letzte Mal, dass meine Mutter ihre Heimat gesehen hat. Und das letzte Mal, dass meine Schwester Lazara, die in Kuba bei ihren Großeltern blieb, ihre Mutter küsste.

Irgendwo in der Hitze Spaniens ist meine Mutter dann schwanger geworden, mit mir. Und als ich vor 80 Jahren in Tunis geboren wurde, dann nur deswegen, weil die Revue gerade dort auftrat.

In Tunis blieben wir höchstens zwei Wochen, bis meine Mutter die Strapazen der Geburt einigermaßen verkraftet hatte und ich reisefähig war. Dann zog die Revue weiter nach Paris. Paris, schwärmte mir mein Vater oft vor, war anfangs, als die Revuetruppe dort ankam, ein wunderbarer Ort für Künstler, egal, aus welchem Teil der Welt sie hierher gefunden hatten. Eine Stadt voller Geschichten, voller Leben, voller Überraschungen und voller Musik. Die Menschen liebten fremde Kulturen, Exotik und Erotik und waren offen und freundlich. Meine Eltern und ihre kubanischen Revuekollegen fühlten sich wohl in Frankreich. Leider hielt dieser Zustand nicht so lange an. Adolf Hitler wütete im benachbarten Deutschland gegen die Juden, die Nazis hatten den Geist und die Seele vieler Menschen vergiftet, ein Krieg, der ganz Europa überziehen könnte, drohte, nachdem Hitler erst den Anschluss Österreichs erzwungen und dann mit der Zerschlagung der Tschechoslowakei begonnen hatte. Und da war die große Revue beendet und fast alle Mitglieder der Truppe kehrten per Schiff zurück nach Kuba, bis auf sechs Personen. Das waren meine Eltern, mein Onkel Ramon Ortiz und drei weitere Kollegen.

Meine Eltern wurden zusehends ängstlicher und waren vor allem um mein Wohl besorgt. Auf keinen Fall wollten sie, dass ihr kleiner Roberto in einem Land aufwuchs, in dem Krieg herrschte und Bomben fielen. Sie berieten sich intensiv mit ihren kubanischen Bekannten und beschlossen, noch ein bisschen abzuwarten.

❧

Eines Abends im Frühjahr 1939 rief sie der kubanische Botschafter in Frankreich, ein enger Freund meiner Eltern, zu sich. „Geht so bald wie möglich zurück nach Kuba", riet er ihnen. „Hier brodelt es, es wird zu gefährlich. Der Krieg steht unmittelbar bevor." Doch sie wollten nicht wieder in die Heimat. „Wo können wir sonst hin?", fragten sie. „In den Libanon, dort ist es sicher", riet der Botschafter ihnen. „Aber zögert nicht so lange." Der Libanon war ein neutrales und friedliches Land, damals. Und so zogen wir weiter nach Beirut, als ich noch nicht einmal zwei Jahre alt war. Zusammen mit meinen Eltern wanderten mein Onkel und die drei Kollegen aus.

Doch leider verließ uns im Libanon das Glück. Kurz nachdem wir dort angekommen waren, starb meine Mutter Mercedes, ich war gerade zwei Jahre alt geworden. Natürlich war ich zu klein damals, um zu begreifen, was passiert war, viel zu klein, um diesen Verlust zu verstehen. Doch ich erinnere mich an eine bleierne Schwere, die sich über unser Zuhause in Beirut gelegt hatte. Woran sie starb, weiß ich nicht, darüber wurde nicht gesprochen. Ich erinnere mich nur, dass ich einmal bei ihr im Krankenhaus war. Und dann, plötzlich, war sie nicht mehr da. Als ich fragte, wo sie denn hingegangen sei, sagte mein Vater, der liebe Gott habe sie bei sich haben wollen.

Für meinen Vater war die Situation eine absolute Katastrophe. Er war plötzlich ein alleinerziehender Vater eines Kleinkindes. Noch dazu musste er die Familie ernähren und dafür noch mehr arbeiten als vorher. Und da er als Tänzer ja vor allem nachts auftrat, kam er sehr spät nach Hause. Wer sollte sich also um mich kümmern? Er war völlig verzweifelt.

Er engagierte Babysitter, die auf mich aufpassten, für mich kochten und mich ins Bett brachten. Doch das klappte oft nicht so recht nach seinen Vorstellungen. Ich erinnere mich vage an eine meiner Babysitterinnen, eine fröhliche, rundliche Dame, die, statt mir vorzulesen, nur draußen auf dem Balkon saß und rauchte und rauchte. Als mein Vater sie dabei erwischte, war er so wütend, dass er sie sofort hinauswarf und nie wieder beschäftigte.

Er liebte mich abgöttisch und machte sich Tag und Nacht Sorgen um mich. Was könnte er bloß tun, damit ich in ordentlichen Verhältnissen aufwüchse? Ich war sein ganzer Stolz und er hatte große Angst, dass es mir an Fürsorge und Zuwendung fehlen könnte. Und ein bisschen Erziehung würde mir ja auch nicht schaden …

❧

Eines Tages hatte sein damaliger Boss eine Idee. „Alfonso, gib ihn zu den französischen Nonnen vom Kloster Heiliger Josef!" Da war nämlich auch seine Tochter in der Schule. Die Nonnen führten ein Internat in dem riesigen Kloster, das mitten in Beirut lag. „Aber das ist doch eine reine Mädchenschule!" Mein Vater fand die Idee am Anfang wirklich absurd. Aber weil ihm keine andere Lösung einfiel, ließ er sich einen Termin bei der Oberin geben. Ich erinnere mich noch, dass mein Vater mit der Oberin sprach und ich bei einer anderen Nonne auf dem Schoß saß. Dann war er plötzlich weg. Ohne Verabschiedung!

Erst Jahre später hat mir mein Vater erzählt, dass die Oberin zu ihm sagte: „Sie gehen jetzt ganz schnell, bloß kein Abschiedskuss, bloß nicht ‚Auf Wiedersehen' sagen. Sonst fängt Roberto an zu weinen." Also ging er. Und nicht Roberto, sondern Papa Alfonso liefen die Tränen in Bächen übers Gesicht. Als ich schon erwachsen war, hat er mir einmal erzählt, dass er in diesem Moment so furchtbar geweint habe, dass er sich auf keinen Fall umdrehen konnte, da er nicht wollte, dass sein kleiner Sohn die Tränen sehe. Armer, starker Papa!

Natürlich hatte ich am Anfang Heimweh nach meinem Papa und habe die Schwestern ständig nach ihm gefragt. „Wo ist Papa? Wo ist Papa?" Aber meine Traurigkeit währte nicht lange. Stellen Sie sich mal vor: Ich war im Kloster der einzige Junge unter 700 Mädchen! Was für ein Paradies! Ich wurde von früh bis spät gehätschelt und umsorgt, wie eine große Puppe.

„Robi", riefen sie immer, sobald ich irgendwo um die Ecke bog. Mit meinen großen Knopfaugen und meinen wuscheligen Haaren sah ich aus wie eine große Puppe und war das

Maskottchen der Schule. Die Mädchen kniffen mir in die Wangen, küssten mich und umarmten mich ständig. Das Kloster war für mich wie ein riesengroßer Spielplatz, ich hatte das Gefühl, dass mich jeder lieb hatte. Traumhaft, oder? Als mich mein Vater 14 Tage später besuchte, war ich total in das Klosterleben integriert.

Ich erinnere mich besonders gerne an meine Lieblings-Nonne, Schwester Alfonse. Die hat sich so rührend um mich gekümmert und mich sogar in ihrem Zimmer schlafen lassen, wenn ich mal traurig war. Dort wohnten zwar noch zwei andere Nonnen, aber deren Betten waren mit Paravents voneinander getrennt. Ich habe viel Liebe bekommen in dieser Zeit, sodass es mich nicht so sehr bekümmerte, dass ich meinen Vater selten sah.

⁊❧

Don Alfonso Zerquera war schließlich der Chef der berühmten Revuegruppe „Black Diamonds", die zu ihrer Zeit mit ihrem grandiosen Tanz- und Unterhaltungsprogramm in vielen Teilen der Welt Furore machte, von Damaskus bis Stockholm. Oft wurde er von reichen Unternehmern, Schauspielern und sogar Königen für große Galas und Feste gebucht.

Deswegen flog ich mit nur sechs Jahren zum ersten Mal alleine – und zwar nach Kairo. König Faruq von Ägypten hatte zu einer prunkvollen Party geladen – in einem großen, mit viel Gold geschmückten Nightclub mit Casino, „Auberge des Pyramides" hieß er. Mein Vater war dort engagiert.

Weil der König ein großer Fan von Zarah Leander war, hatte er sie extra einfliegen lassen. Bei den Proben sah ich sie

– sie war eine Wahnsinnserscheinung: dunkel angezogen, mit dunkler Brille und einer magnetischen Ausstrahlung. Ich konnte nicht aufhören, sie anzustarren. Plötzlich nahm sie mich wahr. Und machte mir mit ihren Fingern ein Zeichen, zu ihr zu kommen. „Your name?", fragte sie mich mit ihrer tiefen Stimme. „Roberto." „You speak French?" Ich nickte. Sie strich mir übers Haar, nahm mich auf ihren Schoß und gab mir einen Kuss auf die Wange.

Über 30 Jahre später habe ich sie wiedergetroffen. Da habe ich eine Tournee mit Rudi Carrell für eine große Firma gemacht. Stargast war Zarah Leander. Sie war eine Diva, ein Weltstar von der Sorte, die es heute nicht mehr gibt. Unnahbar, entrückt. Doch als ich sie einmal ansprach, wirkte sie menschlich, fast weich und schien sich nicht zu erinnern. „Warum guckst du mich immer so eigenartig an?", fragte sie mich. „Sie werden sich nicht erinnern, aber ich bin der Junge, der auf der Party von König Faruq damals in Kairo auf Ihrem Schoß saß", erklärte ich ihr. Sie dachte lange nach und meinte ungläubig: „Du bist der Kleine?" „Ja, ich bin der Kleine", antwortete ich. Dann hat sie sich nach meinem Vater erkundigt und wollte, dass ich jedes Mal nach der Show neben ihr beim Essen saß. Eine tolle Frau, wir haben uns sehr gut verstanden.

❧

Aber zurück zu meiner Schulzeit. Denn als ich sieben Jahre alt war, musste ich meinen Himmel auf Erden leider verlassen. Die Nonnen waren der Meinung, ich sei jetzt groß genug und es wäre an der Zeit, auf eine Jungenschule zu gehen. Sie hatten mich nämlich zweimal erwischt, wie ich einem Mädchen unter den Rock geguckt hatte. Ich wollte nichts Böses, wirklich nicht, ich war einfach nur neugierig, wie es bei Mädchen wohl unterm Rock aussieht. Das gab jedenfalls ganz schön Ärger. Und auch mein Vater fand, dass ich auf dem besten Weg war, zu verweichlichen, wenn ich mit so vielen Frauen aufwüchse.

Von einem Tag auf den anderen meldete er mich auf dem Jungeninternat Sacre Coeur, das ebenfalls in Beirut war, an. „Pachichi, das wird dir guttun", sagte er zu mir, als ich ihm wortreich erklärte, dass ich bei den Nonnen bleiben wollte. „Pachichi" war sein Kosename für mich, das Wort hat eigentlich keine Bedeutung. Mein Vater sprach spanisch mit mir, ich antwortete meistens auf Französisch.

Aber Papa ließ sich leider nicht umstimmen – und die schönsten Jahre meiner Kindheit waren damit zu Ende. Während meiner Zeit im Kloster hatte ich vor allem in Schwester Alfonse eine hingebungsvolle Ersatzmutter gefunden. Und auch die Oberin, Schwester Marie du Calvaire, kümmerte sich rührend um mich. Aber das war jetzt vorbei. Ich sehe noch heute, wie beim Abschied alle geheult haben: die Oberin, die anderen Nonnen, die Schülerinnen und ich. Und Schwester Alfonse natürlich am allerlautesten.

Erfahrungen
kann man nicht kaufen –
die muss man sammeln

In der neuen Schule herrschten strengere Regeln. Wenn man im Unterricht nur einmal kurz mit seinem Nachbarn flüsterte, musste man zur Strafe gleich 200 Mal „Ich darf nicht reden" schreiben. In Schönschrift! Das war vielleicht hart! Die ersten 50 Sätze gingen ja noch, aber dann taten einem mit jedem Wort die Finger mehr weh und die Schrift wurde so krakelig, dass man sie kaum noch entziffern konnte. Hatte man Pech und der Lehrer guckte genau hin, musste man entweder von vorne anfangen. Oder das Doppelte schreiben. Mies.

Ich erinnere mich trotzdem gerne an meine Zeit auf Sacre Coeur. Dort habe ich zum ersten Mal erlebt, wie wertvoll Freundschaften unter Jungs sind. Zusammenhalten, für den anderen einstehen, sich Streiche ausdenken, uns war nie langweilig. Wir haben viel Quatsch gemacht. Nur sonntags, da war ich manchmal ein bisschen traurig. Denn am Sonntag bekamen meine Mitschüler Besuch von ihren Müttern und Vätern. Und ich hatte ja keine Mutter mehr. Und mein Vater war meistens auf Reisen. Mittlerweile hatte mein Vater meine Halbschwester in den Libanon geholt. Sie sang in seiner Show und war deswegen ebenfalls viel unterwegs.

Sonntags, wenn alle anderen sich chic machten, ein sauberes Hemd anzogen und die Haare ordentlich bürsteten, hatte ich also keinen wirklichen Grund, mich fein zu machen.

Wenigstens rief mein Vater an. Das war ziemlich kompliziert, damals. Man musste eine genaue Uhrzeit ausmachen. Und wir schrieben uns Briefe, aber es dauerte ja in den 40er- und 50er-Jahren noch ewig, bis ein Brief seinen Empfänger erreichte. Von meiner Mutter Mercedes hatte ich viele Fotos, die ich wie einen Schatz unter meinem Bett hütete. Ich guckte sie oft an und suchte nach Ähnlichkeiten mit mir – in ihren großen dunklen Augen und ihrem breiten warmen Lächeln. Freunde meines Vaters hatten mir gesagt, dass ich ihr wie aus dem Gesicht geschnitten wäre. Das war auch einer der Gründe, warum mich Papa so abgöttisch geliebt hat, denke ich. Er hat meine Mutter in mir gesehen.

In den Sommerferien reiste ich meistens zu meinem Vater – an die abenteuerlichsten Orte, die man sich vorstellen kann. Ich hatte nie Scheu vor irgendjemandem, nur weil er ein großes, bedeutendes Amt innehatte. Das merkte auch jeder, als ich mit nur acht Jahren eine der tollsten Reisen meines ganzen Lebens unternahm. Ich fuhr zu meinem Vater nach Italien, nach Rom. Wir waren mittags immer in einem tollen Restaurant, Da Nino. Es ist auch heute noch eines der besten Restaurants Roms. Es waren viele Leute vom Film da. Da war unter anderem der Produzent Dino De Laurentiis mit seiner wunderschönen Frau, der Schauspielerin Silvana Mangano, und ihren Kindern. Wir waren öfter mit ihnen unterwegs.

❧

Und dann kam der absolute Knaller: Papa und ich hatten eine Privataudienz bei Papst Pius XII. in Castel Gandolfo. Auch der amerikanische Schauspieler Tyrone Power und der italienische Filmstar Anna Magnani waren mit dabei, insgesamt waren wir zu zehnt. Der kubanische Botschafter hatte das Treffen für uns organisiert. Natürlich hatte mein Vater mir vorher eingebläut, dass ich still sein sollte. „Roberto, du sagst nur etwas, wenn der Papst dich etwas fragt." „Ja Papa, natürlich Papa!", versicherte ich ihm. Aber die Regeln meines Vaters waren sofort vergessen, als der Papst leibhaftig vor mir stand. Das war vielleicht beeindruckend! Er streckte mir die Hand hin, es war üblich, sie zu küssen, aber ich nahm gleich den ganzen Papst in den Arm und drückte ihn fest an mich. Er lächelte. Dann habe ich ihm erzählt, dass ich in Beirut bei den Brüdern zur Schule gehen würde und dass es mir dort sehr gut gefalle. Ich habe einfach losgeplappert. Und allen die Show gestohlen! Mein Vater war danach Gott sei Dank überhaupt nicht sauer. Sondern stolz. Er sagte zum Botschafter: „Mein Roberto wird mal ein Showman." Zuhause in Beirut im Internat hat mir natürlich keiner geglaubt, dass ich beim Papst war. Gott sei Dank hatte ich ein Beweisfoto dabei. Und das hat jedem im Internat schwer imponiert.

※

Auf Sacre Coeur habe ich auch gelernt, zu essen, was auf den Teller kommt. Und mich mit Menschen, egal welche Eigenheiten sie hatten, zu arrangieren. Wir schliefen nämlich zu 30 in einem Schlafsaal und da ist Privatsphäre ein totales Fremdwort. Jeden Morgen gingen wir zur Messe. Oh je, da gab es einmal eine ganz schöne Aufregung – ich war Messdiener und habe eines Morgens am Ende der Messe ein bisschen vom Wein probiert. Mmmmmh, war das lecker.

Beim nächsten Mal habe ich schon vor der Messe aus dem großen Kelch getrunken, und zwar ein paar ordentliche Schlucke. Heimlich, natürlich. Und als sich alle dann zum Abendmahl aufstellten, war der Kelch fast leer. Der Blick des Priesters fiel sofort auf mich. Wenn Blicke töten könnten ... Er wusste genau, dass ich den Wein getrunken hatte. Gleich nach der Messe gab er mir eine heftige Ohrfeige. Völlig zu recht, ehrlicherweise.

Ich war während der Schulzeit wirklich kein Engel. Da sind oft Sachen passiert ... obwohl, einmal konnte ich ausnahmsweise nichts dafür. Ich war etwa zehn Jahre alt. Jeden Donnerstagnachmittag hatten wir schulfrei. Da sind wir mit der Straßenbahn oder dem Bus zum Strand gefahren. An einem Donnerstag war ein neuer Bruder dabei, er hat wohl nicht auf die Uhr geguckt und wir waren länger am Strand als üblich. Es wurde schon dunkel. Da fragte er uns nach dem kürzesten Weg zurück zur Schule. Ich meldete mich, denn ich kannte den kürzesten: durch eine kleine Straße, die tagsüber von vielen süßen kleinen Cafés und Restaurants gesäumt war.

Als wir in die kleine Straße abbogen, traf mich der Schlag: Von süßen Cafés und Restaurants war nichts mehr zu sehen. Stattdessen hingen überall rote Laternen an den Häusern und in den erleuchteten Fenstern räkelten sich halbnackte, sehr reizvolle Damen. Die harmlosen Cafés hatten sich mit Einbruch der Dämmerung in Puffs verwandelt. Oh mein Gott! Ich hielt die Luft an und blickte schockiert auf den Bruder. Der war vor Zorn und Scham ebenfalls knallrot angelaufen, fast so rot wie die Laternen, die einen in die Freudenhäuser locken sollten.

Das war vielleicht ein Anblick: zwölf Schüler in Uniform, ein Priester in schwarzer Kutte mit rotem Kopf. Und von links und rechts lachten uns fast nackte Frauen an. Der Priester schrie: „Ihr guckt nicht links und nicht rechts – los, beeilt euch! Schnell, schnell, schnell", trieb er uns durch das Sträßchen. Als wir wieder in der Schule ankamen, hat er mir eine geknallt und außerdem sollte ich mit ihm zum Direktor gehen. Gott sei Dank kamen zwei Freunde von mir mit. Der Priester hat dann dem Direktor erklärt, dass ich sie durch die Straße der Sünde geführt hatte. Aber ich wusste das ja nicht. Und meine Freunde haben das bezeugt. Ich erklärte dem Direktor: „Er wollte die schnellste Straße – und die kenne ich nun mal nur tagsüber." Der Direktor hat mir geglaubt und der neue Bruder musste sich bei mir entschuldigen.

※

In einem Sommer hatte mein Vater ein Engagement in Athen. Ich war gerade zwölf geworden und stieg voller Vorfreude auf einen griechischen Sommer ins Flugzeug. Und was für ein griechischer Sommer es werden sollte …

Während mein Vater abends auftrat, spielte ich immer mit den Angestellten von der Rezeption des Hotels Dame. Ich sah aus wie 14, war sehr sportlich und durch meine Kindheit in den Internaten wesentlich reifer als viele andere in meinem Alter. Eines Abends saß eine griechische Göttin an die Bar. Sie fiel allen seit Tagen auf, keiner konnte die Augen von ihr wenden – und ich schon gleich fünfmal nicht. Sie war groß und schlank, vollbusig, hatte langes Haar bis unter den Hintern, dunkle Augen und sah einfach umwerfend aus. Das ganze Hotel war hinter ihr her. Sie schien sehr temperamentvoll, eine echte Griechin eben. Alle Männer fanden sie einfach nur toll.

Und eines Abends passierte es dann: Sie winkte mich zu sich heran und fragte mich, ob ich etwas mit ihr trinken und eine Partie Dame spielen wolle. Ich genoss ihre Aufmerksamkeit und setzte mich zu ihr. Und wir spielten – um eine Cola. Irgendwann fragte sie mich, ob ich nicht schlafen gehen müsse. Als ich „Ja" sagte, nahm sie mich bei der Hand und führte mich auf ihr Zimmer. Ich hatte meine Cola mitgenommen. Plötzlich stand sie in einem weißen Negligé vor mir. Sie strahlte eine unglaubliche Sinnlichkeit aus, mir verschlug es fast den Atem. So etwas Verführerisches hatte ich in meinem ganzen Leben noch nicht gesehen. Als sie begann, mich liebevoll zu berühren, hatte ich am ganzen Körper eine Gänsehaut. Doch dann entspannte ich mich langsam. Ich kann mich bis heute daran erinnern, wie sie mich erst langsam auszog und dann in ihr Schlafzimmer führte. Den Rest will ich jetzt nicht schildern. Als mein Papa um 3 Uhr von seinem Auftritt nach Hause kam, war ich jedenfalls wieder auf dem Zimmer. Puh, was waren das für unvergessliche Stunden ... Und mein Opening, meine Premiere.

Am nächsten Tag war sie abgereist und ich habe versucht, meinem Vater nicht unter die Augen zu treten, ich dachte, das, was letzte Nacht passiert war, stehe mir ins Gesicht geschrieben. Also spazierte ich den ganzen Tag durch Athen. Irgendwann ging ich zurück ins Hotel, weil ich Hunger hatte. „Ey, Roberto, wo warst du denn den ganzen Tag?", rief mein Vater. Sobald er mich aus der Nähe sah, runzelte er die Stirn und fragte mich: „Roberto, was hast du gemacht? Wir haben doch keine Geheimnisse voreinander." Und ich sagte langsam: „Also ... es ist passiert." „Was ist passiert?" Er wusste nicht, wovon ich spreche. Da habe ich es ihm erklärt. Als ich ihm beichtete, was genau sich ereignet hatte, war er erst total überrascht. Und dann hat er seine ganze Band zusammengetrommelt und eine Runde Metaxa ausgegeben. „Mein Sohn ist ein Mann geworden", erklärte er ihnen, als wir alle gemeinsam anstießen. Er gab mir den guten Tipp: „Erzähl das nicht in der Schule, das wird nur Probleme bringen." Ich bewunderte meinen Vater. Er schien in der ganzen Welt zuhause zu sein. Wo immer er auftrat, flogen ihm die Herzen zu. Oft träumte ich, ich würde mit ihm auf der Bühne stehen, im Rampenlicht, und die Menschen würden mir so zujubeln wie ihm.

Wir reisten gemeinsam weiter nach Kairo. Doch das ging für mich leider nicht so gut aus. Seit dem wundervollen Erlebnis mit der griechischen Göttin sah ich Frauen mit ganz anderen Augen. Plötzlich waren sie sinnliche, zauberhafte Geschöpfe, mit denen man die wunderbarsten Dinge erleben konnte, wenn man sie küsste oder berührte.

Das führte dazu, dass ich auch die Frauen in seiner Revuetruppe mit ganz anderen Augen sah. Eine war hübscher als die andere. Ich flirtete mit ihnen von früh bis spät … bis es zu spät war. Was ich für Chancen hatte … Erst habe ich mit einer geschlafen, dann mit einer anderen … und dann gab es natürlich einen Riesenstreit. Irgendjemand aus der Gruppe hat sich dann bei meinem Vater beschwert: „Dein Sohn, der ist ein Casanova, der bringt nur Unruhe rein." Mein Vater schimpfte: „Pack sofort deine Sachen", und schickte mich zur Strafe zurück nach Beirut.

In manchen Sommern, in denen ich meinen Vater nicht besuchen konnte, war ich auch im Sommercamp im Internat. Ich habe heute noch den Duft der Pfirsich- und Apfelbäume in der Nase, die auf einer Plantage gleich hinter der Schule wuchsen. Wir schlichen uns oft heimlich hin und klauten die saftigsten Äpfel von den Ästen. Gestohlene Äpfel schmecken am besten. Ich habe oft so viele gegessen, dass ich das Gefühl hatte, zu platzen. Und wenn uns einer der Bauern erwischte, rannten wir um unser Leben.

❧

Meinen ersten richtigen Bühnenauftritt hatte ich in Lausanne. Und zwar im Club „Tabaris", der war damals sehr bekannt. Ich war 16 und mein Vater hatte dort im Sommer ein Engagement. Nachmittags probte er wie immer mit dem Pianisten. Und weil mir langweilig war, guckte ich zu. In einer Pause fragte mich der Pianist: „Spielst du?" „Nein, ich singe gern", antwortete ich, ich war ja im Internat im Chor. Ich habe dann angefangen, „Only you" von den Platters zu singen, erst leise, dann ein bisschen lauter. Dann fiel der Schlagzeuger mit ein. Mein Vater saß mit offenem Mund da und lachte vor Glück. Auch alle Künstler, die das mitbekommen hatten, freuten sich mit mir. Am Schluss applaudierten alle.

Plötzlich packte mich eine kräftige Hand an der Schulter. Ich verstummt augenblicklich und zuckte zusammen. Als ich mich umdrehte blickte ich in das strenge Gesicht der Club-Chefin, einer mächtigen Matrone, sie hieß Madame Pache. „Du", sagte sie mit ihrer rauchigen Stimme zu mir, „du kannst gut singen." Ich war für eine Sekunde völlig sprachlos, was bei mir wirklich selten vorkommt. Dann lächelte ich sie an. „Du trittst morgen Abend auf! Mit drei Liedern!" Das war ein Befehl. Sie drehte sich auf dem Absatz um und rauschte davon. Ich blickte meinen Vater ungläubig an. „Das war doch ein Scherz, oder?" Er strahlte stolz über das ganze Gesicht und schüttelte den Kopf. „Nein, mein Sohn, das war ernst gemeint." „Aber – ich bin doch noch nie aufgetreten. Hoffentlich kriege ich das hin." Etwas mulmig war mir jetzt schon. „Ich gebe dir einen guten Rat, nicht nur für morgen Abend, sondern auch fürs Leben", sagte mein Vater und legte seinen Arm um meine Schulter. „Lass deine Sorgen und Probleme zuhause. Du musst immer lächeln, egal, wie es in deinem Herzen aussieht, dann mögen dich die Leute." Das habe ich ganz fest in meiner Seele verankert.

Die Club-Chefin schickte ihre Tochter mit mir los, um ein bühnentaugliches Outfit für mich zu kaufen – einen dunklen Blazer mit Hose, ein weißes gestärktes Hemd und – natürlich – eine Fliege. Ich war aufgeregt, aber mein Vater hatte noch größeres Lampenfieber als ich. Er war so nervös, dass er ständig auf und ab lief. „Robi, bleib ganz ruhig. Mama guckt von oben zu", sagte er immer wieder. Ich glaube, damit wollte er vor allem sich selber beruhigen.

Als ich am nächsten Abend mit den ersten Takten von „See you later, Alligator" anfing, war alles Lampenfieber wie weggeblasen. Es machte mir Spaß, auf der Bühne zu stehen, zu spüren, wie es den Menschen gefiel, zu sehen, wie sie im Takt mitwippten und mitsangen. Es gab einen Riesenapplaus und die Club-Chefin gab mir 100 Franken. Dafür musste ich ihr versprechen, jeden Abend zu singen. Jeden Abend für 100 Franken! Das war für die damalige Zeit echt viel Geld. Ich kam mir richtig reich vor.

Allerdings konnte ich noch lange nicht mit dem Gast mithalten, der am Abend darauf im Publikum saß. Er war wirklich reich, sah unglaublich gut aus und die Frauen in ganz Europa lagen ihm bereits zu Füßen, obwohl er erst Anfang 20 war: Gunter Sachs, der legendäre Lebemann. „Bravo", rief er nach meinem Auftritt, als ich von der Bühne ging. Am Ende meines zweiwöchigen Aufenthalts in der Schweiz hatte ich 1.500 Franken eingenommen. Und wusste, dass ich unbedingt auf die Bühne wollte. Die Bühne, das war ein Riesenspaß, die Bühne, das war mein Leben.

Gunter Sachs kam während der nächsten zwei Wochen noch ein paar Mal ins „Tabaris". Er hatte einmal seine Sekretärin dabei, sie war sehr hübsch. Er lebte ja damals in der Nähe von Lausanne. Seine Sekretärin und ich haben uns verabredet. Wir haben uns … sehr gut verabredet, wenn Sie verstehen, was ich meine.

Eine Woche, bevor Gunter sich am 7. Mai 2011 erschossen hat, haben wir uns zufällig in München im Hotel Bayerischer Hof getroffen. Da hat er zu mir und Luzandra gesagt: „Roberto ist mein ältester Freund." Wir mochten uns sehr, all die Jahre.

❦

In Beirut blieb ich bis 1952. Dann zog mein Vater nach Spanien, nach Barcelona, und ich wurde auf einem Internat in Madrid angemeldet. Spanisch sei ja schließlich meine Muttersprache, meinte Papa, und die sollte ich ordentlich beherrschen. Ich sprach zwar fließend Englisch, Italienisch, Französisch und Arabisch, aber mit meinem Spanisch war mein Vater noch nicht so zufrieden.

Als ich im renommierten Colegio Calasancio ankam, bat mich der Direktor, ein paar Minuten zu warten. Es war Mittagszeit und alle Jungs saßen im Speisesaal und aßen. Der Direktor ging hinein, sprach kurz mit den Jungs und kam wieder heraus. „So, Roberto, jetzt kannst du hineingehen." Es war mucksmäuschenstill, als ich die Mensa betrat, alle schienen wie erstarrt. Ich war zuerst etwas irritiert, aber dann setzte ich mich einfach an einen vollbesetzten Tisch und die Gespräche und das Geschirr-Geklappere gingen langsam wieder los. Ich fragte meinen Nebenmann: „Was war denn los, bevor ich reinkam?" „Der Direktor hat uns gesagt, jetzt kommt ein Farbiger, wir sollen dich aber nicht darauf ansprechen", wisperte er.

Ich habe nie Probleme gehabt mit meiner Hautfarbe. Nicht heute und schon gar nicht in der Schule. Viele viele Jahre später war ich bei Gunilla von Bismarck in Marbella eingeladen und sie stellte mir einen eleganten älteren Herren vor. Er war Arzt – und außerdem Ex-Präsident des legendären Fußballvereins Atlético Madrid. „Ich bin Alfonso Cabeza, wir kennen uns", sagte er lächelnd. „Cabeza, Cabeza", ratterte es durch mein Gehirn. Es fiel mir beim besten Willen nicht ein, woher wir uns kennen könnten. „Padre Eusebio, Calasancio …", half er mir auf die Sprünge. „Aaaahhh", mir dämmerte es. „Du kannst dich vielleicht nicht an mich erinnern, aber ich erinnere mich an dich. Du warst ja der einzige Farbige", erklärte er mir. Sehen Sie? Wegen meiner Hautfarbe bin ich vielen im Gedächtnis geblieben. Aber natürlich nicht nur wegen meiner Hautfarbe.

Ich bin dankbar für meine Jahre im Colegio Calasancio. Dort habe ich viel über den Umgang mit anderen Menschen gelernt. Gegenseitigen Respekt zum Beispiel. Wenn du dein Gegenüber nicht respektierst, wirst du von ihm auch nicht respektiert. Wie man in den Wald ruft, so kommt es zurück. Die Zeit dort hat mich stark gemacht fürs Leben. Ich habe gelernt, mich durchzusetzen.

In Calasancio herrschten im Vergleich zu meinem Internat in Beirut beinahe luxuriöse Verhältnisse: Es gab eigene Waschbecken und Mauern zwischen den Betten. Ich hatte viele Freunde, war ein lustiger, gutaussehender Junge, spielte ziemlich gut Volleyball und Basketball und war fast jedes Wochenende bei irgendjemandem aus der Schule eingeladen. Der Einzige, der gelitten hat, war mein Vater. Einmal bestimmte er: „Weihnachten kommst du bitte zu mir", er war da gerade in Stockholm. Früher war ich Feuer und Flamme, ihn, wo immer er auf der Welt war, zu besuchen. Diesmal sagte ich: „Papa, nein. Ich bin über die Feiertage zu einem Freund eingeladen, in eine große Finca, um dort die Feiertage zu verbringen. Mein Freund hat so eine süße Schwester ..." Mein Vater war sprachlos, wünschte mir aber schöne Tage.

※

Im Sommer 1954 reiste ich das allererste Mal nach Deutschland. Mein Vater trat in Hamburg und Bremen auf und ich besuchte ihn. Ich erinnere mich noch heute, wie geschockt ich war, als ich in Hamburg ankam. Die Stadt war schwer von den Bombenangriffen im 2. Weltkrieg gezeichnet. Mein erster Eindruck war erschütternd. Auch Bremen hatte es schwer erwischt, viele Ruinen und Zerstörung. Doch wo immer ich war, bin ich herzlichen Menschen begegnet, die mit viel Tatkraft dabei waren, ihr Land wieder aufzubauen. Und wenn Sie jetzt wieder mit dem Thema Hautfarbe kommen – nein, auch im Deutschland der 50er-Jahre hat mich niemand deswegen schräg angesehen.

❧

In diesem Jahr hatte ich eine sehr schicksalhafte Begegnung – ich habe meine erste Frau Mireille kennengelernt, die Mutter meiner beiden Töchter Mercedes und Patricia. Mein Vater hatte eine neue Freundin, sie hieß Irene, kam aus der französischen Schweiz und war Balletttänzerin. Es war ihm ernst mit ihr, deswegen wollte er unbedingt, dass ich sie kennenlerne.

Also flog ich zu ihm nach Genf und wir trafen uns in einem eleganten Restaurant zum Abendessen. Irene war wirklich unglaublich charmant und süß. Noch süßer fand ich allerdings ihre ältere Schwester Mireille, die sie begleitet hatte, eine blonde, zurückhaltende Schönheit mit toller Figur. Sie war Verkäuferin. Wir mochten uns sehr, waren aber jahrelang nur lose befreundet. Manchmal wurde ich später gefragt, ob es merkwürdig wäre, dass meine Frau auch gleichzeitig meine Stieftante sei, denn mein Vater und ich waren ja mit Schwestern verheiratet. War es nicht. Ob es da nicht öfter Komplikationen gegeben habe? Gab es nicht, jedenfalls nicht deswegen. Mit Irene hab ich auch nach wie vor sporadisch Kontakt, mit Mireille nicht. Aber dazu später.

Nutze deine Chancen.
Wer weiß,
ob sie wiederkommen?

Nachdem ich 1955 mein Abitur bestanden hatte, war mein absoluter Traum, aufs Konservatorium in Paris zu gehen. Musik war meine ganze Leidenschaft, ich wollte unbedingt auf die Bühne. Aber mein Vater bestand darauf, dass ich einen „anständigen Beruf" erlerne. Sein größter Wunsch war, dass ich Arzt werde. Wir hatten viele Diskussionen, schließlich habe ich erst einmal klein beigegeben und mich in Madrid für Medizin eingeschrieben. Ich sah mich eher mit Mikrofon in der Hand im Rampenlicht als mit Skalpell und Tupfer im OP. Wobei ... ich glaube, im Arztkittel hätte ich auch eine ganz gute Figur gemacht.

Auf der Uni hatte ich unheimlich viel Spaß – nicht beim Studieren der Medizin, sondern beim Studium des (Nacht-) Lebens. Ich hatte ein Zimmer in einem Studentenwohnheim. Unter der Woche mussten wir um 21 Uhr zu Hause sein. Das muss man sich mal vorstellen. Da geht der Abend ja eigentlich erst los! Und am Samstag wurden die Türen des Wohnheims schon um 23 Uhr zugesperrt, obwohl Wochenende war. Das machte für mich wirklich überhaupt keinen Sinn! Also mussten wir uns etwas überlegen ... Eines Abends blieben wir deutlich länger aus als erlaubt, aber wir hatten uns gut vorbereitet. Ein Mitschüler, der nicht mit uns ausgegangen war, passte auf, bis wir zurückkamen. Wir hatten ausgemacht, dass er die Fenster offen ließ. Auf unser Signal hin warf er uns ein Seil zu, das er aus mehreren Bettlaken gebunden hatte. So konnten wir in den ersten Stock hochklettern. Ich war der Letzte, der hochkletterte. Plötzlich kam der Nachtwächter um die Ecke. Als guter Sportler zog ich mich schnell hoch durch das Fenster. Wir hofften, dass er keinen von uns erkannt hatte.

Am nächsten Tag bekamen alle Bewohner des Studentenwohnheims einen Einlauf vom Direktor im Speisesaal: „Leider konnten wir die Schuldigen nicht fassen", donnerte er. „Einer war dunkler als die anderen." Beim Stichwort „dunkler" drehten sich alle Köpfe mit einem Grinsen zu mir um. Ich guckte völlig unschuldig.

In den letzten Jahren gibt es immer mehr Bücher mit einer Jahreszahl auf dem Titel: Werke über nur ein Jahr, ein Schicksalsjahr. „1815" von Adam Zamoyski zum Beispiel über Napoleons Sturz und den Wiener Kongress oder das herrlich unterhaltsame „1913" von Florian Illies über Kunst und Kultur vor dem Ausbruch des 1. Weltkriegs. Für mich war das Jahr 1956 eine Art Schicksalsjahr. Ein Ereignis hatte zwar keinen direkten Einfluss auf mein weiteres Leben und meine Karriere, aber es bewegte mich trotzdem: Am 20. März erkannte Frankreich die Unabhängigkeit meines Geburtslandes Tunesien an. Auch wenn ich keine Familie dort habe, fühle ich mich doch dem Ort, an dem ich geboren bin, verbunden. Dann stellte eine glückliche Fügung mein Leben völlig auf den Kopf.

❧

Ich flog von Madrid nach Frankfurt, um meinen Vater, der in Wiesbaden ein Engagement hatte, zu besuchen. Wie immer schäkerte ich im Flugzeug mit den Stewardessen herum, wir lachten viel und sie brachten mir ständig irgendetwas zu essen oder zu trinken. Ich bemerkte, wie mich ein Typ mit schütterem Haar und Brille beobachtete. Es war der Regisseur Alfred Weidenmann, was ich allerdings erst nach der Landung herausfinden sollte. Weidenmann hatte sich mit dem Film „Canaris" bereits einen Namen gemacht, einer Mischung aus Agenten-Thriller und Biografie mit O. E. Hasse und Adrian Hoven über den legendären Admiral Wilhelm Canaris, der die deutsche Abwehr in Berlin bis 1944 leitete und dann wegen seiner Verbindungen zu den Hitler-Attentätern hingerichtet wurde.

Nach der Passkontrolle sprach der Regisseur mich an. „Ich besetze gerade meinen neuen Film – ‚Der Stern von Afrika'. Ich habe da eine Rolle, auf die passen Sie 100-prozentig." Er gab mir seine Karte. „Melden Sie sich."

Wow! Ich sollte zum Film! Ich würde Filmstar werden! Ich war völlig aus dem Häuschen, als mich der Agent meines Vaters, Otto Konrad, am Flughafen abholte. „Stell dir vor, was passiert ist! Mir wurde gerade eine Filmrolle angeboten!" Ich war total enthusiastisch und sah mich schon strahlend vor der Kamera agieren. „Mal abwarten, Junge", brummte Konrad. „Die Leute im Showbusiness sind oft ziemlich unzuverlässig. Wenn du Pech hast, melden die sich nie wieder."

Er rief bei der Produktionsgesellschaft an, der Neuen Münchner Lichtspielkunst, genannt Neue Emelka, und sie baten ihn, Fotos zu schicken. Ich sollte mich mit nacktem Oberkörper und Khakihosen fotografieren lassen. Gar kein Problem! Anscheinend machte das ordentlich was her – denn er bekam schon ein paar Tage später ein Telegramm, dass ich für die Rolle engagiert war. Ich sollte den Laufburschen eines

Kampfpiloten spielen. Jetzt stand mir noch das Schwerste bevor. Mit meinem Vater hatte ich über die ganze Sache noch gar nicht gesprochen. Der ging ja davon aus, dass ich ein anständiger Arzt würde.

Abends nach seinem Auftritt sprach ich mit Papa und erzählte ihm von dem Angebot. Ich war ein bisschen nervös, da ich wirklich nicht wusste, wie er reagieren würde. Schließlich hieße das, ich müsste mein Medizinstudium abbrechen. Als ich geendet hatte, war Stille. Mein Vater guckte mich fünf Minuten lang an – jedenfalls kam es mir so lange vor. Dann fragte er mich prüfend: „Sohn, willst du das wirklich?" „Klar", rief ich. „Ich will doch auch auf die Bühne. Wie du! Das ist mein Leben!" „Gut, dann mach den Film. Otto soll dir beim Vertrag helfen." Papa hatte mir seinen Segen gegeben, ich war außer mir vor Glück!

❧

Mein Vater hat nicht nur in diesem Moment in meinem Leben eine entscheidende Rolle gespielt, er war ja Mutter und Vater gleichzeitig für mich. Er war meine Familie und die Musiker, die für ihn arbeiteten, meine Ersatzonkel und Ersatztanten. Meine Großeltern, die auf Kuba lebten, habe ich nie kennengelernt.

Don Alfonso Zerquera konnte natürlich autoritär, streng und unnachgiebig sein, aber auch unglaublich verständnisvoll, gütig, aufopfernd und voller Liebe. Er war alles für mich und ich für ihn. Ich war sein erster Sohn, sein Augenlicht. Klar … wenn ich übertrieben habe, habe ich auch mal was auf den Popo bekommen. Das fehlt vielen Kindern heute. Man sagt ja heute, man solle die Kinder ganz frei erziehen, aber das bringt nicht bei jedem Kind etwas.

Papa war ein großartiger Künstler und ein Frauentyp, ein attraktiver, vornehmer Mann. Er achtete sehr auf seine Kleidung, war immer außerordentlich elegant, von ihm habe ich mein Faible für schöne Anzüge.

Meistens hatte er Freundinnen, sehr hübsche sogar, aber ich hatte nie mit einer von ihnen ein Problem. Nie durfte eine der Frauen irgendetwas gegen mich sagen oder gar mit mir schimpfen. „Wenn es ein Problem mit Roberto gibt, kommt zu mir! Ich kläre das", sagte er allen. Eine seiner Freundinnen hieß Inez und dann kam Rita, sie ist die Mutter meines Halbbruders. Insgesamt habe ich fünf Halbgeschwister, um die sich mein Vater ebenfalls hingebungsvoll gekümmert hat, er war ein totaler Familienmensch.

Ich habe so viel von Don Alfonso gelernt. „Du bist in einem Land, in dem es nicht so viele Südamerikaner gibt, du musst im Showbusiness immer einen südamerikanischen Touch haben. Und deine Songs auch", hat er mir zum Beispiel geraten. Und Steppen hat er mir beigebracht, darin war er ein wahrer Meister. Es gab niemanden, der in so atemberaubendem Tempo wie Papa, beeindruckend leichtfüßig, übers Parkett wirbeln konnte.

Und noch einen Rat gab er mir, den ich immer beherzigt habe: „Lies niemals Kritiken! Was bringt dir das? Du ärgerst dich nur über die Häme der Menschen und lernst nichts daraus!" Und: „Wenn du kämpfst – nie mit der Faust, sondern mit dem Köpfchen." Ach, ich vermisse ihn sehr!

Otto Konrad tüftelte also den Vertrag mit der Produktionsgesellschaft aus. Ich flog zurück nach Madrid und erzählte allen meinen Freunden, dass ich jetzt Schauspieler werden würde. Die staunten vielleicht! Ich schmiss natürlich für alle, die ich kannte, eine sehr feuchtfröhliche Abschiedsparty.

Die Dreharbeiten fanden ebenfalls in Spanien statt. Es war eine tolle Atmosphäre am Set. Als ich das Drehbuch las, verstand ich auch, wozu der Regisseur ein Bild von mir mit nacktem Oberkörper haben wollte: In meinem großen Solo-Auftritt musste ich in einer Bar „oben ohne" alleine auf einer Bühne tanzen und eine große Menge begeistern. Das ist mir, glaube ich, vor der Kamera ziemlich gut gelungen.

Mit mir feierten noch zwei andere berühmte Kollegen ihre „Premiere" im Filmgeschäft: Joachim Hansen, der die Hauptfigur und meinen Boss im Film, den Jagdflieger Hans-Joachim „Jochen" Marseille, spielte. Und Hansjörg Felmy als Darsteller des Fliegerfreunds von Marseille, Robert Franke. Franke und Marseille waren die Helden einer Flugstaffel im 2. Weltkrieg und ich spielte Mathias, den jungen Laufburschen von Marseille. Ich war unter anderem für seine Wäsche zuständig und musste Kaffee und Tee servieren. Auch Marianne Koch war dabei – als bildhübsche Lehrerin Brigitte, Verlobte von Marseille. Leider starb Marseille am Schluss, als sein Flugzeug einen Motorschaden hatte und sich sein Fallschirm beim Sprung aus dem brennenden Wrack nicht öffnete. Das Drehbuch zum „Stern von Afrika" schrieb übrigens Herbert Reinecker, der später den „Derrick" erfunden hat.

Im Abspann bin ich damals noch als Roberto Zerquera genannt, erst für meine Musikkarriere benutzte ich den Namen Blanco, den Namen meiner verstorbenen Mutter. Da Otto

Konrad wirklich ein sehr gewiefter Agent war, handelte er im Vertrag aus, dass ich fast so viel verdiente wie Marianne Koch und Hansjörg Felmy. Für acht Drehtage innerhalb von zwei Wochen habe ich 8.000 Mark bekommen. Natürlich freies Hotel mit Frühstück. Und 50 Mark Spesen jeden Tag. Und weil man mich dann doch den ganzen Film hindurch gebraucht hat, habe ich noch einmal 10.000 Mark am Ende gekriegt, und das mit gerade mal 18. Ich kam mir so vermögend vor. Dieses Geld war die Basis für meine Karriere.

Mein Engagement in „Der Stern von Afrika" war vielleicht nicht mein großer Durchbruch, aber durch die Rolle war ich erst einmal finanziell unabhängig und sie hat mir später viele Türen geöffnet. Ich habe mehrere Filme gedreht, auch TV-Filme, und Theater gespielt.

❦

Als ich mit dem Film fertig war, wusste ich nicht so recht, wohin. Ich telefonierte öfter mit Edith Labriola, ihr Vater betrieb in Wiesbaden das weit über die deutschen Grenzen hinaus berühmte Park Café, eine wirklich einzigartige Institution, wo viele berühmte internationale Orchester auftraten.

Edith, die von ihrem Mann getrennt lebte und bereits zwei Kinder hatte, war in mich verliebt. „Zieh doch nach Wiesbaden", sagte sie. „Ich helfe dir bei der Wohnungssuche." Sie organisierte mir eine Wohnung und ich kam. Ich kannte die Stadt ja, weil mein Vater öfter dort gearbeitet hatte und Otto Konrad dort lebte. Edith und ich kamen dann relativ bald zusammen, sie half mir auch, die Aufenthaltsgenehmigung zu besorgen und ein Bankkonto zu eröffnen.

Meine erste eigene Wohnung lag mitten in der Stadt, in der Wilhelmstraße, in einer Passage im 2. Stock. Sie war nicht besonders groß mit einem Schlafzimmer, einem kleinen Salon, Küche und Bad, aber sehr hübsch möbliert und Edith hatte sie auch noch etwas verschönert. Sie hatte einen sehr guten Geschmack. Das Einzige, was ich mitgebracht hatte – außer meiner Kleidung –, war mein Plattenspieler und südamerikanische Musik. Die Besitzerin der Wohnung lebte gegenüber. Wiesbaden war eine der wenigen Städte, die den 2. Weltkrieg relativ unversehrt überstanden hatte, und war zu dieser Zeit amerikanische Besatzungszone. Die Entnazifizierung war vorbei, es war die Zeit des Wirtschaftswunders und des Aufbruchs. In den Bars und Cafés wurde Musik gemacht und getanzt, die Menschen arbeiteten unermüdlich und waren trotzdem immer humorvoll und fröhlich.

❧

Deswegen freute ich mich ganz besonders auf mein erstes Weihnachten in Wiesbaden. Das würde bestimmt ein rauschendes Fest werden, mit Freunden und Nachbarn, viel Musik und starken Getränken und Gelächter bis in die Morgenstunden. So kannte ich es aus Spanien und so stellte ich mir es auch hier vor. Und lag leider völlig falsch.

Denn Weihnachten feierte man in Deutschland nur mit der allerengsten Familie, ruhig, besinnlich und völlig zurückgezogen. Komisch, dachte ich mir. Das soll jetzt Weihnachten sein, das größte und freudigste Fest des Jahres? Ich als Südländer fand das total traurig, so wenig lebensfroh, und noch dazu hatte mich keiner meiner deutschen Freunde und Bekannten eingeladen. Denn Weihnachten war in Deutschland ausschließlich ein Familienfest. Also beschloss ich, eine ordentliche Party in meiner Wohnung zu schmeißen. „Freunde, kommt alle zu mir, meine Wohnung ist zwar nicht besonders groß, aber gemütlich! Jeder bringt etwas mit und dann ab die Post", lud ich sie ein. Meine Gäste waren Ausländer wie ich, die am Heiligen Abend keine Familie in Wiesbaden hatten und sonst ganz alleine gewesen wären. Zwei Spanier kamen, die im Park Café arbeiteten, ein Italiener, der richtig toll kochen konnte, ein paar Franzosen – einer von ihnen arbeitete in der Kaserne für die Amerikaner und brachte unter anderem köstliche, riesengroße Shrimps mit.

Wir aßen ausgezeichnet, tranken unzählige Flaschen Sekt, hörten Musik und sangen und tanzten. Es war ein wundervolles Fest, voller Freude und Lebenslust. Da klopfte es plötzlich energisch an der Tür, ich hätte es beinahe nicht gehört. Als ich öffnete, stand die Besitzerin meiner Wohnung vor der Tür. Sie war ziemlich aufgebracht: „Was was macht ihr da? Sie sind viel zu laut!", schimpfte sie streng. „Ähm … we have a Christmas Party", antwortete ich, ich konnte damals noch nicht so gut Deutsch. „You are invited." Das schien sie etwas zu versöhnen, denn ihr erboster Gesichtsausdruck wich einem zarten Lächeln. „Nein … danke. Wissen Sie, bei uns in Deutschland wollen wir am Heiligen Abend unsere Ruhe haben. Wir denken in aller Stille an Jesu Geburt und den lieben Gott, es ist ein Feiertag." Eben, Feiertag, wollte ich schon fast antworten, aber ich ließ es. „A bit more quiet please", bat sie mich und ging wieder.

Wir dämpften die Musik etwas, ich wollte auch nicht, dass mir die Wohnung gekündigt würde, feierten aber weiter. Da klopfte es wieder an der Tür. Mist! Wer würde sich jetzt beschweren? Ich öffnete wieder die Tür – und davor standen die beiden hübschen Töchter der Vermieterin. Ob sie mitfeiern dürften. Ja klar, sagte ich und drückte ihnen ein Glas Sekt in die Hand. Eine weitere halbe Stunde später klopfte es wieder – die Kinder der Familie, die unter mir wohnte, fanden die Musik so toll. Könnten sie vielleicht kurz reinkommen? Ja, gerne, auch lang. Die Wohnung war proppenvoll, die Stimmung kochte. Es wurde eine ausschweifende Nacht – ich werde mein erstes Weihnachtsfest in Deutschland nie vergessen.

※

Sehr wichtig für meine weitere Entwicklung war eine ganz besondere Dame, Frau Annemarie van Wüllen, meine Gesangslehrerin. Eine großartige Person. Ich hatte jeden Tag bei ihr zuhause Unterricht, meistens so um zehn Uhr morgens, dann musste ich um acht Uhr aufstehen, da ich damals ja noch kein Auto hatte und mit dem Bus hinfahren musste. Sie merkte sofort, wenn ich am Abend zuvor wieder zu lange ausgegangen war und zu wenig geschlafen hatte. „Ey, du Kerl", drohte sie mir dann immer scherzhaft. Ich hatte ein unglaublich herzliches Verhältnis zu ihr, sie konnte allerdings auch streng sein, vor allem, wenn ich bei den Opernpartien, die ich singen musste, mal wieder meine Texte nicht richtig einstudiert hatte.

※

Meine Wiesbadener Zeit war eine herrliche Zeit. Ich fing mit ein paar kleinen Auftritten an, sang in einem amerikanischen Hotel vor Offizieren und Generälen, auf Geburtstagsgalas und

Feuerwehrfesten, meist ein 20- bis 30-minütiges Programm mit spanischen, englischen, italienischen und französischen Songs. Deutsch brachte ich mit selber bei, ich machte damals schnell die Erfahrung, dass es besser war, Fehler in die Sätze einzubauen. Die Leute haben dann gegrinst, ich war ihnen sofort viel sympathischer. Deswegen habe ich oft „das Tisch" statt „der Tisch" gesagt, obwohl ich es besser wusste.

Bald lernte ich einen sehr netten Kollegen kennen, mit dem ich später viele Male gemeinsam auf der Bühne stand: Tony Marshall wohnte auch damals schon in Baden-Baden, wo ich am Theater als Schauspieler engagiert war. Tony war ebenfalls am Anfang seiner Karriere. Wir haben uns oft gegenseitig zum Essen eingeladen.

Einmal hätte ich es mir beinahe mit seiner Frau Gabi verscherzt. Bei Marshalls im Garten lebte ein kleines süßes Reh, es hieß Berthold. Am nächsten Abend sollte ich zu ihnen zum Dinner kommen. „Roberto, was soll ich kochen? Worüber würdest du dich besonders freuen?", fragte mich Gabi. „Über Berthold. Mit Zitrone und Petersilie", witzelte ich. „Nein, um Gottes Willen! Oh nein, das kommt nicht in Frage!", rief sie erschrocken. Für eine Sekunde hatte sie mich ernst genommen. Tony und ich haben immer gerne miteinander gearbeitet, unser gemeinsames Lied „Resi bring Bier" wurde ein großer Erfolg. Bis heute sind wir gut befreundet.

※

Im Sommer war es das Allerschönste, ins Opelbad zu gehen. Ein sehr idyllisches Freibad, das hoch über der Stadt, am Südhang des Neroberges, zwischen Weinbergen und Bäumen thronte. Ich genoss den Blick von da oben weit übers Land, wobei, man musste gar nicht so weit gucken, denn das Opelbad war voll von attraktiven jungen Damen in vorteilhaft geschnittenen Badeanzügen. Ich hatte den Eindruck, dass sie mich mochten, denn meine Freunde nannten mich den Opelbad-Killer. Tja, ich kann mir wirklich nicht erklären, wie sie auf diesen Spitznamen kamen … Die Sommer in Wiesbaden sind wirklich unvergessen! Einmal traf ich im Opelbad sogar Esther Williams, die großartige amerikanische Schwimmerin und Schauspielerin. Sie fand die Umkleidekabinen nicht. Ich zeigte ihr den Weg und sie bat mich, niemandem zu sagen, dass sie hier sei. Sie war damals Hollywoods berühmteste Badenixe mit Filmen wie „Neptuns Tochter" oder „Die Wasserprinzessin" und hatte in Wiesbaden die US-Truppen besucht.

Ich bin nicht mit dem Aufzug nach oben gefahren, sondern zu Fuß hochgegangen

Beruflich ging es langsam aufwärts. Im August 1957 gewann ich auf der IFA in Frankfurt den 1. Preis bei dem Wettbewerb „Gib dem Nachwuchs eine Chance". 1.800 Sänger hatten sich beworben und ich war mit dem Lied „Jezebel" von Frankie Laine, allerdings in der deutschen Fassung, angetreten. In der Jury saßen damals unter anderem Michael Pfleghar, ein großartiger Fernsehregisseur, der später mit Bibi Johns und Wencke Myhre verheiratet war, und Irene Mann, damals eine bekannte Tänzerin und Choreografin. Das Finale war live in Frankfurt.

Stargast war die Schweizer Sängerin Lys Assia, die als Allererste den Grand Prix Eurovision de la Chanson gewonnen hatte. Bekannt war sie allerdings schon vor ihrem fulminanten Sieg in Lugano – ihren Operetten-Hit „O mein Papa" konnte damals jeder mitträllern. Wir haben uns sehr gut verstanden und sie hat mich in Frankfurt dem Chef der Schallplattenfirma Phillips, Hanns Schrade, vorgestellt. Er gab mir damals einen 5-Jahres-Vertrag – mit einer Garantiesumme von 1.000 Mark pro Monat. Damit habe ich meinen Gesangsunterricht und mein Leben finanziert. Das war damals sehr viel Geld.

❦

Und noch eine andere sehr bekannte Dame half meiner Karriere ordentlich auf die Sprünge. Das war etwa zwei Jahre später, ich war für eine Gala im Kurhaus in Wiesbaden engagiert. Die Show lief gut, ich gab viele Zugaben, danach war ich ziemlich geschafft und ruhte mich in meiner Garderobe aus. Plötzlich klopfte es an meiner Garderobentür. „Ja bitte?" Wer könnte denn jetzt noch etwas von mir wollen? „Herr Blanco, Besuch für Sie", rief einer der Kellner. Ich öffnete langsam die Garderobentür und sah den Komponisten Peter Kreuder. Dann blickte ich etwas nach rechts. Und da stand sie, lebensecht, nur ein paar Zentimeter von mir entfernt.

Ich wich zurück, die Überraschung machte mich sprachlos, denn ich kannte sie ja nur von Bildern und aus den abenteuerlichsten Geschichten: die „schwarze Venus", eine der bedeutendsten Stars des 20. Jahrhunderts, die mit ihrem sinnlichen, halbnackten Tanz die Europäer so richtig in Wallung gebracht hatte. Unvergessen, wie sie den berühmten Gürtel aus 16 Plüschbananen verboten verrucht um ihre Hüften kreisen ließ. Später wurde sie als Nationalheldin in Frankreich gefeiert, weil sie im 2. Weltkrieg erst für das Rote Kreuz arbeitete und dann für die Résistance. Mein Vater hat immer sehr für sie geschwärmt.

Es war die einzigartige Josephine Baker, die direkt vor mir stand und fast ein wenig mütterlich lächelte. Was wollte die Königin der Showgirls von mir? Ich stotterte ein wenig: „Madame Baker? Mein Vater und ich sind große Fans von Ihnen. Kommen Sie bitte herein." Da lächelte sie noch breiter. „Ich habe dich gerade auf der Bühne gesehen. Das hat mir gut gefallen. Hättest du Lust, mit mir zu arbeiten?" Mit ihr zu arbeiten? Mit einem Superstar? Halluzinierte ich? Sie fuhr fort: „Hättest du Lust, mit mir auf Tournee gehen?"

„Wow", sagte ich. „Klar! Sofort! Das wäre mein Traum!" „Du machst den ersten Teil, singst ein paar Songs und dann kommt mein Programm." Wir unterhielten uns noch ein bisschen und verabredeten uns für die nächsten Tage, um Einzelheiten zu besprechen. Kaum war sie weg. rannte ich so schnell wie möglich nach Hause und rief meinen Vater an. Er war völlig außer sich, hat mir immer wieder gratuliert und ist natürlich geplatzt vor Stolz.

Bevor wir das erste Mal gemeinsam auf der Bühne standen, rief sie mich zu sich. „Roberto, es gibt ein paar Sachen, die du noch lernen musst." Ich hörte andächtig zu. „Komm stets als Sieger auf die Bühne, niemals zaghaft, egal ob du vor einem Menschen spielst oder vor 5.000. Publikum ist Publikum. Du musst eine positive Ausstrahlung haben. Und: Du musst immer du selbst sein. Imitiere nie jemanden – Kopien gibt es schon genug!"

Wir sind insgesamt zehn Mal gemeinsam aufgetreten, ich versuchte, ihre Ratschläge zu beherzigen, und habe auch sonst viel von ihr gelernt. Als ich mich am Ende bei ihr bedankte, lächelte sie verschmitzt und kniff mir in die Wange. „Nenn mich nicht Madame Baker, ich bin Josephine für dich." An die Zeit mit Josephine Baker denke ich heute noch so oft zurück. Dass ich so etwas erleben durfte …

❦

Meine erste Single „Ob schwarz, ob weiß" erschien 1958. Arrangiert hatte sie ein gewisser Hansi Last, der war damals

Bassist beim Norddeutschen Rundfunk. Später wurde er als James Last selber sehr bekannt. Ich tingelte durch die Republik, spielte auf allen möglichen Veranstaltungen und Festen und ging mit Heinz Erhardt auf Tournee. Er hatte unglaublich viele Fans und ich war sein Ko-Programm.

※

Auch in der DDR trat ich zu dieser Zeit viel auf. Ich hatte Engagements im Friedrichstadt-Palast in Berlin und in Karl-Marx-Stadt, mehrmals im Fernsehen in Ostberlin und der übrigen DDR.

Natürlich bin ich damals mit dem Auto überall hingefahren, ich besaß ein schönes Mercedes-Cabrio. Die Straßen waren leider zum Teil miserabel. Eines Abends landete ich mit dem Mercedes im Graben, die Straße hatte sich wegen des nassen Laubs in eine Rutschbahn verwandelt. Mir war Gott sei Dank nichts passiert. Aber dann kam die Volkspolizei ... die Vopos waren genau so, wie sie oft parodiert werden. Bitterernst, mit schnarrender Stimme und ganz sicher nicht zu Scherzen aufgelegt. Sie waren sehr unfreundlich und streng – bis ich meinen kubanischen Pass vorzeigte. Dann schlug die Stimmung komplett um. Wir waren ja quasi sozialistische Brüder ... Sie rissen sich nun fast ein Bein dabei aus, mir zu helfen, mich ins Krankenhaus zu fahren, um mich durchchecken zu lassen, und meinen Wagen in die Werkstatt zu bringen.

Leider landete ich später auf der schwarzen Liste der DDR; weil ich 1971 meinen deutschen Pass bekommen und den kubanischen Pass abgegeben hatte. Man konnte ja zu dieser Zeit mit einem kubanischen Pass nicht mehr durch Europa reisen, überall hätte ich ein Visum gebraucht. Und dann schrieb eine Zeitung: „Roberto Blanco will mit Fidel Castro nichts zu tun haben" – ohne dass ich irgendetwas gesagt hätte. Tja, das war es mit meinen Auftritten dort, erst nach der Wiedervereinigung bin ich in der letzten Ausgabe der Kultsendung „Ein Kessel Buntes" mit von der Partie gewesen, als Ko-Moderator mit Helga Hahnemann.

Je länger der Aufstieg dauert, desto stärker wirst du

Zurück in die 60er-Jahre. Aus einer losen Freundschaft mit Mireille war Liebe geworden. Mireille und ihre Schwester Irene, die Freundin meines Vaters, tanzten in Papas Revue „Black Diamonds". Ich fand Mireille bezaubernd, klug und verständnisvoll und verbrachte gerne Zeit mit ihr. 1965 kam unsere erste Tochter Mercedes auf die Welt. Als wir 1966 heirateten, war Mercedes bereits ein Jahr alt. Mireille und Mercedes lebten zu dieser Zeit in Barcelona, ganz in der Nähe von Irene und meinem Vater, da ich ja ständig unterwegs war. Papa war auch derjenige, der mir sehr zugeredet hat, zu heiraten. „Wenn man ein Kind hat, muss man Verantwortung übernehmen", meinte er und sah mich ernst an. Ich habe ihm versprochen, für die beiden zu sorgen, was ich auch getan habe. Da ich wie gesagt oft auf Tournee war, um Geld zu verdienen, hat mein Vater die Hochzeit in Barcelona auf die Beine gestellt. „Roberto, es ist alles organisiert, du musst nur noch Ja sagen!" Genau so war es auch. Das klingt jetzt wahrscheinlich nicht besonders romantisch. Aber es war einfach eine Zeit, in der mein Schwerpunkt darauf lag, mit meinen Liedern bekannt zu werden und davon leben zu können. Deswegen musste ich schon zwei Tage nach der Feier wieder los, auf die Bühne, Geld für die junge Familie verdienen.

Mein Vater und Irene heirateten etwas später in Kairo. Von da an war Mireille auch meine Stieftante.

꙳

1969 kam endlich mein heiß ersehnter Durchbruch. Ich gewann das Deutsche Schlagerfestival mit dem Titel „Heute so, morgen so". Das soll jetzt nicht angeberisch klingen, aber ich hatte schon vor meinem Auftritt ein richtig gutes Gefühl mit dem Lied. Das Gefühl, dass das ein Siegerlied war. Und ich hatte recht! Vor allem das Publikum liebte den Song, ich bekam die meisten Punkte der anwesenden Saalgäste! Jack White hat „Heute so, morgen so" damals produziert. Danach haben wir uns leider überworfen. Wir hatten einen Vertrag mit der Plattenfirma Deutsche Vogue, mein Eindruck war allerdings, dass es der Firma nicht so gut ging. Und dann kam die weltberühmte CBS auf mich zu und wollte mich unter Vertrag nehmen. Ich hatte keine Lust, mit Vogue unterzugehen, deswegen bin ich zu CBS gewechselt. Jack White hat sich später überall über mich beschwert, ich hätte ihn sitzen lassen. Aber die 120.000 Mark Entschädigung, die er von der CBS bekommen hat, die hat er mit nicht einem Wort erwähnt. Egal, ich habe keine Lust, über andere Menschen schlecht zu reden. Diese Geschichte ist Vergangenheit. Wenn Jack und ich uns sehen, grüßen wir uns, nicht mehr.

꙳

Mit der Zweitplatzierten des Schlagerfestivals von 1969, Paola, habe ich mich besonders gut verstanden. Wir hatten ein sehr herzliches Verhältnis. Sie war zu dieser Zeit noch nicht mit Kurt Felix zusammen und wir gingen gemeinsam auf Tour. Ich erinnere mich noch an ihre Mutter, eine reizende ältere Dame, sie war Schweizerin. Wir sprachen italienisch miteinander. Ich sagte zu ihr: „Mama, wir gehen auf Tournee." „Ja, ich komme auch mit", erklärte sie energisch. „Brauchst du nicht", sagte ich. „Ich passe auf Paola auf. Jeden Tag bekommst du eine Postkarte: Liebe Mama, uns geht es gut … Liebe Mama, uns geht es gut … Liebe Oma …" Sie hat sich totgelacht.

❦

Bald darauf hatte ich ein Engagement in Hongkong, im weltberühmten Hotel Mandarin Oriental. Das Hotel war damals als das zweitbeste Hotel der Welt ausgezeichnet. Man hatte mich für 21 Tage verpflichtet, das war damals üblich. Wenn man heute von Wiesbaden, wo ich damals lebte, nach Hongkong reisen möchte, fährt man nach Frankfurt, setzt sich dort ins Flugzeug und steigt mehr als elf Stunden später am Chek-Lap-Kok-Flughafen wieder aus. Tja, Ende der 60er-Jahre war das noch eine echte Weltreise. Ich flog mit Pan Am von Frankfurt nach Istanbul, von Istanbul nach Beirut, von Beirut nach Karatschi, von Karatschi nach Rangun, von Rangun nach Bangkok und von Bangkok schließlich nach Hongkong.

Ehrlicherweise, ganz so anstrengend, wie es auf dem Papier klingt, war diese Reise für mich nicht. Ich hatte nämlich schon auf dem Flug nach Istanbul zufällig eine Stewardess von Pan Am wiedergetroffen, die ich auf einem Flug nach Berlin kennengelernt hatte, eine sehr hübsche Deutsche. Sie erzählte mir, dass sie zwei Nächte mit der Crew in Beirut bleiben würde.

„Roberto, guck doch mal, ob du auch in Beirut übernachten kannst", wisperte sie, während sie im Gang an mir vorbeiging. Früher konnte man nämlich ohne Probleme einen Zwischenstopp machen. „Wo wohnst du?", fragte ich. „Im Interconti." „Wunderbar!" Da kannte ich sogar den Direktor, denn ich war dort bereits aufgetreten. Ich rief ihn aus Istanbul an und machte ein Zimmer in Beirut klar. Wir verbrachten zwei wunderbare Tage und Nächte miteinander, dann flogen wir noch gemeinsam bis Bangkok, wo wir uns verabschiedeten.

Im Mandarin Oriental in Hongkong meinten sie es besonders gut mit mir. Ich wurde von einer prächtigen Limousine vom Flughafen abgeholt, der damals noch in der Stadt lag. Und dann hatte man mich auch noch in einer Suite mit Butler einquartiert – was für ein Luxus! So etwas hatte ich noch nie erlebt, der absolute Wahnsinn. Schnell hatte ich herausgefunden, warum mich alle so nett behandelten: Der Sub-Hoteldirektor war Schweizer, der Front Desk Manager und der Chefkoch waren Deutsche. Und ihre Einstellung war: Der Roberto, der gehört zu uns, ihm soll es an nichts fehlen. Herrlich! Einmal in der Woche wurde sogar deutsch gekocht, die Kohlrouladen waren unübertroffen. Das Hotel hatte den Nightclub ganz oben, man nannte ihn Eagle Nest, mit einem wunderschönen Blick auf Hongkong, ein großartiges indonesisches Orchester, sehr professionell.

❦

In meinem Programm sang ich englisch, italienisch, französisch und spanisch, nur wenn deutsche Gäste da waren, auch mal ein deutsches Lied. Am dritten Abend meines Engagements war eine offensichtlich sehr wohlhabende Familie mit zwei Töchtern zu Gast, sie dürften Anfang 20 gewesen sein. Beide Mädchen waren wunderschön, mit langem dunklen Haar und mandelförmigen Augen. Sie saßen relativ weit vorne und schienen begeistert, denn vor allem die Töchter klatschen nach jedem Song wie verrückt. Nach meinem Auftritt waren sie sofort verschwunden.

Am nächsten Tag bemerkte ich bei meinem Auftritt, dass die ältere Tochter der Familie alleine an einem Tisch vorne saß und das ganze Programm hindurch blieb. Vom Rest ihrer Familie keine Spur.

Als ich mit meinem Auftritt fertig war, kam der Barkeeper zu mir in die Garderobe und sagte: „Roberto, jemand will dich sprechen." Er ging einen Schritt zur Seite – und da stand das wunderschöne Mädchen mit den mandelförmigen Augen vor mir. Das war eine wirklich angenehme Überraschung. „Wollen Sie Platz nehmen?", fragte ich sie. Sie blickte sich verstohlen um. „Können wir uns vielleicht irgendwo hinsetzen, wo es ein bisschen leiser ist?" Ihre Stimme klang angenehm weich und lieblich.

Ich führte sie in ein ruhiges Eck und wir gingen zu einem kleinen Bistrotisch. „Mir hat es sehr gut gefallen, wie Sie singen. Sind Sie zum ersten Mal hier in der Stadt?", fragte sie mich. „Ja", antwortete ich. „Darf ich Ihnen Hongkong zeigen?" „Das würde mich sehr freuen", antwortete ich. Wie auch immer: Sie hat mir die Stadt gezeigt. Und sehr, sehr viele andere Dinge … Und während es mein erstes Mal in dieser exotischen Stadt war, war es auch ihr „erstes Mal".

Eines Abends kam sie wieder zu meinem Auftritt ins Hotel. Sie saß weit vorne alleine an einem Tisch und blieb bis zum

Ende. Als der Applaus vorbei war und die Gäste den Club verließen, trat sie zu mir und flüsterte: „Ich möchte mich verabschieden." Ich war völlig irritiert. Von einem baldigen Abschied war nie die Rede gewesen. „Warum?" „Wir ziehen nach Vancouver. Aber ich habe ein Geschenk für dich, damit du an mich denkst." Sie zog eine Schweizer Uhr aus ihrer Tasche, sie war ganz flach, aus Silber und hatte ein Zifferblatt mit chinesischen Schriftzeichen. „Die ist für tagsüber." Dann zog sie die gleiche Uhr aus Gold aus der Tasche, an dieser hing auch noch ein winziger Schlüssel. „Und diese Uhr ist für abends. An ihr hängt der Schlüssel zu meinem Herzen." Das war so was von süß. Die Uhren habe ich bis heute.

Umgib dich mit Menschen, die es gut mit dir meinen

6

Mit meiner Familie war ich mittlerweile nach München gezogen. Wiesbaden war zu sehr mit meiner wilden Junggesellenzeit verknüpft und ich wollte einen Neuanfang – für Mireille, für Mercedes und für mich. Und nach der Geburt von Patricia am 18. Januar 1971 war es auch wirklich an der Zeit, ein Nest zu bauen und ein gemeinsames Zuhause zu schaffen. Deswegen mietete ich eine Wohnung in München, die Stadt hatte ich schon immer gemocht.

❧

Ein nächtlicher Anruf an einem regnerischen Abend im Jahr 1972 hatte ungeahnte Auswirkungen auf meine Karriere. Gegen 23 Uhr klingelte das Telefon, es war ziemlich unüblich, dass man um diese Zeit noch störte. Als ich abhob, war der Produzent Ralph Siegel am anderen Ende der Leitung. Seine Stimme vibrierte und er klang aufgeregt. „Roberto, kannst du so schnell wie möglich zu mir ins Büro kommen?" „Ja klar, ist was passiert?", fragte ich besorgt. „Nein, du sollst dir kurz ein Lied anhören. Wenn es etwas für dich ist, müssen wir uns die Rechte noch heute Nacht sichern. Beeil dich!"

Ich sprang also in meinen Mercedes und raste zu Ralph. Schon die ersten Takte des Songs gingen mir total unter die

Haut, die Melodie, der Rhythmus, die Stimmung – das war ich, das Lied war ein Volltreffer. Ich war von Tom Jones' „The Young New Mexican Puppeteer" völlig begeistert. „Ein toller Song! Den will ich auf jeden Fall machen! Fantastisch", rief ich. Ich hatte ein richtig gutes Gefühl und Ralph Siegel war auch zufrieden. Und während er sich noch in der Nacht mit Hochdruck um die deutschen Rechte kümmerte, fuhr ich nach Hause und legte mich glücklich schlafen.

Am nächsten Tag meldete sich meine Sekretärin mit lieben Grüßen von Herrn Siegel, er hätte die Rechte gekauft und bräuchte mich in den nächsten zehn Tagen dringend im Studio, er schriebe gerade den Text. Dann haben wir das Lied aufgenommen, es wurde ein Riesenhit, einer der größten meines Lebens. Es erzählt die Geschichte eines Marionettenspielers, der in Albuquerque lebt und „einmal traurig und einmal froh" ist. Wenn man genau hinhört, ist es kein Gute-Laune-Lied, aber die Melodie muss man einfach mitsummen und bekommt sie nicht mehr aus dem Kopf. Es ist wirklich bemerkenswert, wie ein nächtlicher Anruf und ein begeistertes „Ja" dein Leben in eine Richtung lenken und für immer prägen können.

Beim zweiten großen Hit meiner Karriere, „Ein bißchen Spaß muß sein", lief es ähnlich. Wieder meldete sich Ralph Siegel bei mir, es war gar nicht lange nach unserer Zusammenarbeit beim „Puppenspieler". Aber diesmal rief er nicht mitten in der Nacht an. „Roberto, ich hab hier ein tolles Lied für dich, das musst du singen", meinte er ganz euphorisch. Ich fuhr also abermals zu ihm ins Büro und schon die ersten Takte waren unglaublich mitreißend. In der Mitte des Songs packte ich Ralph an der Schulter: „Das ist mein Lied! Das ist ganz toll!" Christian Bruhn und der Texter Günter Loose, der leider vor vier Jahren gestorben ist, hatten es geschrieben. Wenn man mal darüber nachdenkt: „Ein bißchen Spaß muß sein" – klingt dieser Satz nicht so unglaublich einfach? Auf die Idee muss man erst einmal kommen, daraus einen Schlager zu machen. Ich mag die Zeile sehr, weil sie einem eine ganz heitere Grundeinstellung vermittelt: Nimm das Leben nicht zu schwer, auch wenn es dich manchmal ärgert. Ab und zu hilft ein bisschen Leichtigkeit viel weiter als eine bierernste und verbohrte Diskussion. Das heißt ja nicht, dass man seine Probleme verdrängen soll. Aber es ist Gift, sich nur darauf zu konzentrieren, was schiefläuft. Ein bisschen Spaß, ein Lächeln, ein kleiner Witz – und das Leben geht vielleicht ein kleines Stück heiterer weiter.

Mir hat man in den vergangenen 80 Jahren viele Steine in den Weg gelegt. Warum die Leute das getan haben – ich weiß es nicht. Aber ich habe mich davon niemals entmutigen lassen. Ich habe mich nie in mein Leid vergraben und die Freuden des Lebens darüber völlig vergessen. Trotz allem Ärger habe ich immer versucht, „ein bißchen Spaß" zu haben. Das hat mir geholfen.

Das Lied wurde jedenfalls ein Wahnsinnserfolg. Christian Bruhn ist einfach genial! Wir arbeiten bis heute sehr gern und eng zusammen, er hat auch Lieder für mein neues Album komponiert. Sein Name ist vielleicht vielen kein Begriff, aber er ist einer der größten Schlager- und Musikkomponisten dieser Republik. Mit der TV-Serienmusik zu „Wickie", „Heidi" und „Timm Thaler" kreierte er den Soundtrack einer ganzen Generation, viele Evergreens der Schlagergeschichte gehen auf sein Konto: Zum Beispiel „Marmor, Stein und Eisen bricht", das hat er für Drafi Deutscher geschrieben, „Zwei kleine Italiener" für Conny Froboess – und „Wunder gibt es immer wieder" für Katja Ebstein. Die hat er dann auch geheiratet.

Wenn ich heute auf einem Fest oder im Bierzelt „Ein bißchen Spaß muß sein" anstimme, stehen die Leute sofort auf und singen mit. Das Lied ist der totale Eisbrecher, es sorgt blitzartig für gute Stimmung. Ich finde das ganz wunderbar. Überall, wo ich Menschen treffe, werde ich auf den Song angesprochen. „Hey, Roberto, ein bißchen Spaß muß sein", sagte erst gestern wieder ein Mann an der Tankstelle zu mir und klopfte mir auf die Schulter. Ich bin stolz darauf. Und ich verstehe nicht, warum manche Kollegen ihre alten Hits, die sie groß gemacht haben, nicht mehr singen wollen. Das ist doch undankbar! Diese Lieder sind das Fundament ihrer Karriere, so wie „Der Puppenspieler von Mexiko" und „Ein bißchen Spaß muß sein" das Fundament meiner Karriere sind. Ohne diese beiden Lieder wäre mein Leben wahrscheinlich ganz anders verlaufen.

❦

Wäre ich sonst 1972 von der UNESCO engagiert worden, um die erste Brücke zwischen Europa und Asien in Istanbul einzuweihen? Mit dabei waren der damalige Präsident der Türkei Cevdet Sunay und viele Minister. Dabei war auch Josephine Baker und der berühmte Schauspieler und Komiker Danny Kaye aus Hollywood. Das war ein wunderschönes Wiedersehen mit Josephine Baker bei diesem großen Ereignis. Während meines Aufenthalts dort wurde ich betreut von der damaligen Miss Türkei.

Und 1973 bekam ich zum allerersten Mal eine eigene Show im Fernsehen, die hieß „Heute so, morgen so", nach meinem Erfolgssong, mit dem ich das Schlagerfestival gewonnen hatte. Die Sendung bestand aus Musik und Sketchen, mit dabei war auch die Big Band des berühmten Orchesterleiters Rolf-Hans Müller. Diese Show ist für mich bis heute nicht nur etwas ganz Besonderes, weil sie die erste von mir alleine moderierte im deutschen Fernsehen war. Sondern weil ich die außergewöhnliche Ehre hatte, mit meinem Vater gemeinsam aufzutreten. Der einzigartige Don Alfonso Zerquera und sein Sohn Roberto Blanco zusammen auf der Bühne, vor der Kamera. Wir haben zusammen gesteppt. Das war einmalig. Wenn ich daran zurückdenke, habe ich Tränen in den Augen. Mein Vater war ein wirklich großer Künstler. Und ein noch viel größerer Mensch.

❦

Mit meinen Liedern war ich nun sehr häufig zu Gast in verschiedenen TV-Sendungen. Die waren damals ja noch richtige Straßenfeger. Wenn der unvergessene Peter Frankenfeld mit „Musik ist Trumpf" samstags abends im Fernsehen lief, schalteten alle ein! Peter trat immer im Smoking auf, die Bühne war mit frischen Blumen geschmückt. Und wir Künstler kamen im tosenden Applaus die berühmte Showtreppe hinunter. Was war das für ein berauschendes Gefühl!

Ich weiß noch, bei einer Probe für Peter Alexanders Show sollten Peter und ich zusammen singen, während wir nebeneinander stehen, und uns am Schluss umdrehen und frontal ansehen. Da passierte ein kleines Missgeschick. Unsere Münder landeten nach der Drehung direkt aufeinander, als ob wir uns leidenschaftlich küssen wollten. Das ganze Studio hat gelacht. „Los, weitermachen, als ob nichts passiert wäre, keiner hat was gesehen", flüsterte ich ihm zu. Aber alle lachten und alle hatten es gesehen. „Du sagst zu niemandem ein Wort", raunte er. „Aber es war doch so schön, Peter ...", zog ich ihn auf. Da haben wir beide gelacht. Mit Peter habe ich mich sehr gut verstanden.

Ein anderes Mal war ich mit Vico Torriani in einer anderen Show bei Peter Frankenfeld engagiert. Die Show lief gut, wir bekamen beide Riesenbeifall. Es war ein gelungener Abend. Am nächsten Tag beim Frühstück im Hotelrestaurant saßen Vico und ich mit vielen anderen Kollegen gemütlich am Tisch und plauderten. Da ging plötzlich ein anderer Gast an unserem Tisch vorbei und rief: „Roberto, du warst ganz toll gestern!" Die anderen am Tisch hat er dabei gar nicht beachtet.

Vico, der ja wesentlich bekannter war als ich zu dieser Zeit, drehte sich zu mir um und sagte ganz trocken, mit seinem schweizerdeutschen Akzent: „Roberto, ich glaube, ich hab die falsche Farbe." Denn ihn hatte der Mann gar nicht erkannt. Es hatte wirklich viele Vorteile, der einzige Schwarze im Fernsehgeschäft zu sein.

Meine Farbe war meine beste Propaganda. Man hat mich immer wiedererkannt. Wenn mich jemand gefragt hat: „Haben Sie Probleme mit Ihrer Farbe?", habe ich immer gesagt: „Ich? Im Gegenteil! Das ist meine Erkennungsmarke!"

Was haben wir bei diesen Shows für einen Spaß gehabt. Da wir meistens eine Woche vorher probten, verbrachten wir auch viel Zeit mit den Kollegen, jeder wusste von den Sorgen, Lieben und Erfolgen des anderen, man war sich viel näher als heute. Jetzt muss doch alles nur noch schnell gehen, reinfliegen, rausfliegen, es darf bloß nichts kosten. Dabei bleiben das Herz und das Zwischenmenschliche total auf der Strecke. Ich vermisse die gemeinsame Zeit mit meinen Showkollegen. Peter Frankenfeld war sehr wichtig für meine Karriere. Und Hans-Joachim Kulenkampff, Heinz Schenk und Hans Rosenthal. Sie haben mich oft in ihre Shows geholt. Hans Rosenthal habe ich kennengelernt, als er noch beim RIAS war, beim Radio. Hans war ein wirklich guter Mensch.

Auch meine Auftritte bei Dieter Thomas Heck in der legendären „ZDF-Hitparade" haben bedeutend zu meinem Erfolg beigetragen. Ich kannte Dieter schon aus der Zeit, als er noch Autoverkäufer war, er wollte ja eigentlich mal selber Sänger werden und stellte zum Beispiel in Peter Frankenfelds Sendung „Toi toi toi" sein Lied „Hippe di hopp, mein Mädchen" vor. Daran erinnert man sich heute kaum noch. Außerdem sang er beim Vorentscheid des Grand Prix. Heck hatte sich wirklich mit Leib und Seele dem deutschen Schlager verschrieben.

Über 15 Jahre lang hieß es: „Samstag, 19:30 Uhr und 26 Sekunden. Hier ist Berlin mit der deutschen Hitparade im Zett-Deee-EeFFF!" Das war wie Dynamit für unsere Karrieren – einmal im Monat, an einem Samstag, spielten wir unsere Songs im Fernsehen, am Montag rannten die Leute ins Geschäft und kauften die Schallplatten. Wir sangen live, die Musik war Halbplayback und wir haben auch die Studiogäste immer in unsere Auftritte mit einbezogen. Ein wirklich tolles Format war das. Am Ende jeder Fernsehsendung wählten die Zuschauer ihre Lieblingstitel, am Anfang drei, am Schluss nur noch einen. Der beziehungsweise die Gewinner waren in der nächsten „Hitparade" wieder dabei.

Dieter Thomas Heck moderierte die „Hitparade" über 15 Jahre, danach kamen Viktor Worms und Uwe Hübner. Aber das war dann nicht mehr dasselbe.

※

Als ich wieder einmal für ein Engagement in Hongkong war, bekam ich ein Telegramm meines Nachbarn aus München. „Du erinnerst dich bestimmt", schrieb er, „wir haben mal zusammen ein schönes Grundstück gesehen, das dir sehr gefallen hat. Das ist jetzt zu verkaufen. Willst du es haben?" Er teilte mir außerdem mit, wie hoch die Anzahlung sei. Ich antwortete: „Toll, kannst du mir bitte einen Gefallen tun und die Summe, die man anzahlen muss, übernehmen? Du bekommst das Geld sofort wieder, wenn ich zuhause bin." Das hat er getan. Und das Grundstück war meines. Ich habe einen Freund von mir, einen Architekten aus Berlin, mit dem Bau eines richtig schönen Hauses beauftragt. Nachher haben wir leider gegeneinander prozessiert. Ich habe zwar gewonnen, aber das bestätigt mal wieder die alte Regel: Man darf mit Freunden keine Geschäfte machen.

Unsere vierköpfige Familie zog also in das herrliche neue Heim mit großem Garten und allen möglichen Annehmlichkeiten um. Ich war zwar viel unterwegs und konnte auch manchmal nach einer wochenlangen Tournee nur kurz daheim in München bleiben, bevor ich zum nächsten Auftritt hetzen musste, aber ich habe jeden Tag angerufen, um zu hören, wie es Mireille und meinen beiden Töchtern geht. Ich wollte genau wissen, was zu Hause passiert, ich wollte, so gut es eben ging, am Familienleben teilnehmen. Meine Kinder und meine Frau waren für mich immer sehr wichtig. Sie waren meine Basis und mein Rückhalt, eine feste Burg, wo ich zur Ruhe kommen und Kraft tanken konnte. Ich wollte meiner Familie ein bequemes, schönes und luxuriöses Leben ermöglichen. Es sollte ihnen an nichts fehlen. Und wenn man als Entertainer sein Geld verdienen muss, geht das leider nicht vom Sofa aus.

Klar gab es später ein paar Menschen, die meinten, über meine Qualitäten als Vater urteilen zu müssen, als es irgendwann Schwierigkeiten mit den Kindern gab. „Der war ja früher nicht da", „Der hat sich nie um die Kinder gekümmert" und so weiter. Totaler Quatsch. Ich habe meine Kinder nie vernachlässigt. Davon bin ich aus tiefstem Herzen überzeugt. Wäre ich einfach daheim geblieben, wäre es vorbei gewesen mit dem guten Leben für meine Familie. Darunter hätten sie sehr gelitten! Das wollte ich ihnen nicht antun.

Während Mercedes, die Ältere, ruhig und unkompliziert war, entpuppte sich Patricia als das genaue Gegenteil. Sie widersprach und diskutierte sehr gerne. Die beiden Schwestern haben natürlich öfter mal Unsinn gemacht oder sich gestritten. Für mich war das manchmal eine Gratwanderung, wie ich damit umgehen sollte. Denn es ist schwierig, wenn der einzige Kontakt zur Familie das Telefon ist – und dann schimpft man in den Hörer und ist der Böse. In den Ferien bin ich mit Mireille und den Kindern viel gereist. Und sie haben so manches erlebt, was andere Kinder wohl nie erleben werden.

✻

Einmal hatten wir in unserem Haus zum Beispiel einen wirklich schwergewichtigen Gast – Muhammad Ali, Jahrhundert-Sportler und Boxlegende. Er hatte irgendeinen Kampf in

Zürich, nichts Bedeutendes, und war dort zufällig im selben Hotel abgestiegen wie meine Familie und ich. Sein Trainer, Angelo Dundee, der berühmteste Trainer der Boxgeschichte, trainierte auch kubanische Boxer. Er stand draußen vor dem Hotel und sah, dass viele Leute Autogramme von mir wollten. Er nahm den Portier beiseite, zeigte auf mich und fragte: „Wer ist das?" Der Portier erklärte ihm: „Das ist ein berühmter Sänger, der stammt aus Kuba." „Ah, Kuba", sagte Dundee. Und dann schlenderte er zu mir rüber und fragte mich: „Wollen Sie Muhammad Ali kennenlernen?" Wow! Was für eine Frage! Ich war ein riesengroßer Fan des Sportlers! Sofort schossen mir die Bilder seiner legendären Fights durch den Kopf: „Rumble in the Jungle" 1974 in Kinshasa, als er beim größten Faustkampf aller Zeiten George Foreman in der 8. Runde k. o. schlug. „Thrilla in Manila" – superknapp und unter widrigen Bedingungen hatte er im Oktober 1975 auf den Philippinen gegen Joe Frazier gewonnen, nach Punkten. Und jetzt sollte ich ihn kennenlernen. Muhammad Ali – den Herrn der Ringe. „I am the Greatest" war einer seiner berühmtesten Sätze. Ich hatte eine leichte Gänsehaut.

„Klar", sagte ich, „das wäre mir eine große Freude. Könnte ich meine Tochter mitnehmen?" „Kein Problem", antwortete Dundee. „Er freut sich." Patricia war damals noch ein bisschen schüchtern, sie blieb lieber bei Mireille, aber Mercedes wollte den Weltstar gerne kennenlernen. Also nahm ich sie an der Hand und wir machten uns auf den Weg zu Muhammad Ali.

Wie er wohl so sein würde? Ein Großmaul wie im Ring? Da hatte er ja eine ziemlich große Klappe, die Sprüche, mit denen er seine Gegner niedermachte, waren legendär. Ich war ziemlich aufgeregt.

Als wir an die Zimmertür klopften, öffnete er persönlich. Er war riesig groß, füllte den ganzen Türrahmen aus und beugte sich lächelnd zu Mercedes hinunter, um ihr die Hand zu schütteln. Danach begrüßte er mich und machte ein Zeichen, dass wir es uns auf dem Sofa bequem machen sollten. Er fragte mich ganz interessiert nach meinem Leben. Da war ich sehr beeindruckt. Da saßen Mercedes und ich also mit dem größten Sportstar aller Zeiten entspannt auf einer Hotelzimmercouch und plauderten und lachten. Ich fand ihn sehr charismatisch. Als der Zimmerservice kam, fragte er, ob wir etwas bestellen wollten. Mercedes wollte gerne einen Obstsalat. Der wurde natürlich in Windeseile geliefert und meine Tochter hat den Weltstar dann damit gefüttert. Muhammad fragte, wo wir wohnten. „In München", erklärte ich." „Oh. Ich boxe um die Weltmeisterschaft in München. Ich würde Sie gerne einladen, den Kampf zu sehen." „Das wäre mir eine große Ehre. Ich würde Sie gerne zu uns nach Hause einladen." „Das wäre mir eine große Ehre", sagte er und lächelte.

Ich tauschte mit Angelo Dundee Kontaktdaten aus. Als Muhammad Ali nach München kam, gab es einen wahnsinnigen Rummel. Sein Gegner war Richard Dunn, ein bis dahin relativ unbekannter Brite. Ali trainierte im Circus Krone – schon um ihm beim Training zuzugucken, zahlten die Leute zehn Mark am Tag, die 1.500 Plätze des Zelts waren täglich ausverkauft. Er wohnte im Bayerischen Hof. Ich holte ihn dort also eines Morgens um 9 Uhr ab, überall waren Menschen, Fans und Journalisten.

Ich parkte meinen Mercedes, ging ins Hotel – und da standen Muhammad und Angelo Dundee schon in der Lobby. Sie schienen auf mich gewartet zu haben. Muhammad zog mich am Ärmel: „Gehen wir?" Ich sah ihn etwas ratlos an, blickte mich um und fragte: „Wo sind denn deine Bodyguards?" Er lachte aus vollem Hals, als ob ich gerade einen richtig guten Witz gerissen hätte. „Sieh mich an! Brauche ich etwa Bodyguards? Ich bin DEIN Bodyguard!" Da guckten die Leute vor dem Bayerischen Hof vielleicht, als Muhammad Ali in meinen Mercedes einstieg und wir davonbrausten. Natürlich rasten uns ein paar Autos und Motorräder hinterher. Und viele, die uns auf dem Weg begegneten, erkannten den weltberühmten Boxer und hupten wie verrückt.

Mireille hatte riesigen Mengen Erdbeeren eingekauft, weil Angelo Dundee mir in Zürich verraten hatte, was sein Schützling am liebsten esse. Diesmal saßen wir gemütlich auf unserem Sofa, futterten Erdbeeren und sprachen über den Sport und sein Leben in Amerika. Er war ja politisch sehr engagiert, hatte den Wehrdienst verweigert und gegen den Vietnamkrieg protestiert, was ihm große Probleme beschert hatte: Berufsverbot – er durfte dreieinhalb Jahre nicht boxen, seine Titel wurden ihm aberkannt –, Geldstrafe, Entzug des Reisepasses und so weiter. Viele Menschen feierten ihn dafür als Helden. Als er ging, bedankte er sich für die Einladung und gab mir einen Ratschlag mit: Sei stolz! Und guck immer geradeaus!

**Man glaubt erst,
wie schön die Welt ist,
wenn man sie mit eigenen
Augen gesehen hat**

I ch bin so dankbar, dass mich mein Leben an so viele atemberaubende Orte geführt hat. Dass ich fast die ganze Welt sehen durfte – was für ein Privileg. Tahiti, Australien, Asien, die USA natürlich, beinahe jedes Land in Süd- und Mittelamerika, Europa sowieso, ach, was habe ich bloß für ein Glück gehabt. Oft denke ich zurück an all die wunderbaren Orte, die ich gesehen habe, und die Momente, die ich gesammelt habe. Und an die vielen unterschiedlichen Menschen, die ich getroffen habe. Manche haben mich kurz begleitet, manche länger, einige wenige sind heute noch an meiner Seite. Und natürlich hat sich der eine oder andere Kontakt, der sehr herzlich begonnen hat, auch gleich wieder verlaufen. Schade. Unzählige Male bin ich auf Schiffe, in Züge oder Flugzeuge gestiegen – ich weiß nicht mehr, wie oft ich den Satz „Die Schwimmwesten sind unter Ihrem Sitz" gehört habe. Ich habe es geliebt, unterwegs zu sein – und liebe es immer noch.

❧

Eine der Reisen, an die ich unheimlich gerne zurückdenke, war im Jahr 1978. Wir waren eine Gruppe von fünf Freunden – die „Cabana-Boys", mehr dazu später – und wollten zur Fußball-Weltmeisterschaft nach Argentinien. Robert Louis-Dreyfus, der spätere Chef von Adidas, war auch dabei, er hat zu dieser Zeit gute Geschäfte mit Südamerika gemacht und ich hatte ihn über meinen Freund Dr. Wolf Forster kennengelernt. Dr. Forster war Mitbegründer der Arzneimittelfirma Mack in Illertissen, die heute zu Pfizer gehört. Ein unglaublich herzlicher und großzügiger Mensch.

Unsere erste Station war Paris. Dort stimmten wir uns feucht-fröhlich auf den großen Trip ein. Dreyfus hatte für uns die edelsten Restaurants organisiert. Wir hatten den besten Tisch im „Maxim's", Dreyfus hatte einen Magnum-Champagner spendiert. Der Kellner ließ allerdings zu lange auf sich warten und so hatten wir die Flasche fast leergetrunken, bevor wir die Karte bekamen, um das Essen zu bestellen. Ich sagte: „Moment, lasst mich mal machen." Als der Maître vorbeikam, winkte ich ihn zu uns her und behauptete, der Magnum hätte gekorkt. Der Maître war entsetzt, entschuldigte sich und ließ eine neue Flasche Magnum bringen. „Geht aufs Haus", meinte er. „Kann ich sonst noch etwas für Sie tun?", fragte er. Ich sagte: „Ja, wenn Sie uns noch die Karte bringen könnten?" „Selbstverständlich!" Wir haben dann gegessen und am Schluss haben sich alle bei mir bedankt für meinen Einfall. Sie meinten, ich hätte ihnen auf diese Weise den Magnum spendiert. Am Ende des Abends waren wir dann auch ziemlich betrunken. Nachdem wir kaum geschlafen hatten, ging es am nächsten Tag weiter mit der Concorde von Paris nach Rio. Ich fand das so aufregend, mit der Concorde zu fliegen, dass ich mir das Lederetui vom Ticket aufgehoben habe. Insgesamt bin ich dreimal mit der Concorde gereist und war jedes Mal aufs Neue schwer beeindruckt.

Jedenfalls sah ich schon in der VIP-Lounge am Flughafen Charles de Gaulle einen anderen großen Fußballfan, einen Italiener: den Fiat-Chef und Patriarchen Gianni Agnelli, der außerdem Ehrenpräsident von Juventus Turin war. Er war offensichtlich ebenfalls auf dem Weg zum Fußballturnier. Als wir einstiegen, fragte ich die Stewardess, ob es möglich sei, während des Fluges kurz die Piloten im Cockpit zu besuchen. Das fand ich wahnsinnig spannend. „Kein Problem", meinte sie. Sie würde es klären und mir später Bescheid geben. Sie hätte allerdings auch eine Bitte: Mein Platz sei ja am Gang und mein Nebenmann würde gerne tauschen, da er Schmerzen in seinem Bein habe. „Ebenfalls kein Problem", gab ich zurück. Ich sah schon von Weitem den kantigen Cäsarenkopf auf „meinem" Platz. Gianni Agnelli hatte nach einem Skiunfall ein steifes Bein, er war es also, der am Gang sitzen wollte. Ich nahm neben ihm Platz, er nickte mir freundlich zu und wir stießen mit zwei Gläsern Champagner an, die die nette Stewardess uns schnell gebracht hatte.

Agnelli sah unglaublich mondän aus. Er trug einen maßgeschneiderten Zweireiher und eine Cartier-Uhr über der Manschette seines Hemdes, seine Krawatte hing leicht schief. Nach einer Weile kam die Stewardess zu mir: „Monsieur Blanco, wollen Sie jetzt ins Cockpit? Die Piloten haben grünes Licht gegeben." Ich nickte und stand auf. Agnelli hatte nur „Cockpit" gehört und fragte mich schnell: „Sie gehen ins Cockpit? Kann ich vielleicht mitkommen?" „Gerne! Geht das klar?" Ich blickte zur Stewardess, sie nickte und wir folgten ihr ins Cockpit. Das war vielleicht spektakulär! All die hochkomplizierten Instrumente, blinkenden Kontrollanzeigen, Knöpfe und Hebel! Wir plauderten mit dem Kapitän, der uns alles über die technischen Finessen des Überschall-Flugzeugs mit der krummen Nase erzählte. Nach einer Weile kam die Stewardess und wollte uns wieder zu unseren Sitzen bringen. „Noch zehn Minuten, per favore", bat Agnelli ganz charmant und wir durften noch etwas bleiben. Später, als wir wieder unsere Plätze eingenommen hatten, nahm er meine Hand. „Mille Grazie, dass Sie mich mitgenommen haben", sagte er zu mir.

Später haben wir uns noch einmal auf Sardinien getroffen. Ich war mit Freunden im Hotel Cala di Volpe an der Costa Smeralda beim Mittagessen, Agnelli und seine Familie hatten einen großen, etwas versteckten Tisch in einer Ecke reserviert. Als er sich seinen Nachtisch vom Buffet holen wollte, ging er an unserem Tisch vorbei. Sein Blick blieb an mir hängen und er schien zu überlegen … Ich sagte nur: „Concorde." „Ah", lachte er, „richtig! Das war toll." Sehr sympathisch, der Mann.

Zurück zu unserer Reise nach Rio de Janeiro. Rio war quasi unser „Basislager", wir wollten von dort aus zu den Orten fliegen, wo die Fußballspiele in Argentinien stattfanden. Zimmer hatten wir im Hotel Interconti reserviert. Beziehungsweise: keine Zimmer, sondern die Cabanas direkt am Pool – den Tipp hatte mir ein Freund in Deutschland gegeben. Diese kleinen Apartments waren wirklich fantastisch. Noch fantastischer war allerdings, dass in diesem Hotel fast alle Stewardessen und Kapitäne der Fluggesellschaften abstiegen, also von Lufthansa, LAN Chile, TWA, Pan Am und so weiter. Man kann sich das gar nicht vorstellen, es waren paradiesische Zustände: so viele hübsche Stewardessen auf einem Fleck! Wo man auch hinsah oder hinging im

Hotel Interconti – überall traf man auf schöne Frauen. Mit den meisten kam ich sofort ins Gespräch, denn ich hatte wie immer meinen Tennisschläger dabei und viele Stewardessen fragten mich, ob sie mit mir spielen könnten. Und abends haben wir sie natürlich mitgenommen zum Tanzen, das war ja die Zeit von „Saturday Night Fever". Wir haben jeden Abend ausgelassen gefeiert bis in die frühen Morgenstunden. Und ich bin jede Nacht mit einer anderen Fluglinie geflogen …

Die deutsche Nationalmannschaft habe ich kein einziges Mal live spielen gesehen. Ich hatte ja in meiner wunderbaren Cabana alles, was ich brauchte. Einen riesigen Fernseher, Roomservice, der innerhalb von Minuten köstliche Caipirinhas brachte, und manchmal kamen vier oder fünf Stewardessen mit zu mir, um ein Spiel zu gucken. Das war so lustig: Beim ersten deutschen Spiel war ich der einzige aus unserer Truppe, der nicht mit nach Argentinien flog, beim zweiten Spiel blieben schon drei zuhause, bei jedem weiteren fieberten wir alle gemeinsam in einer unserer Cabanas mit. Besonders viel trinken mussten wir nach der vernichtenden „Schmach von Córdoba", bei der Österreich gegen die DFB-Elf mit 3 : 2 gewann. Es war der erste Sieg der Österreicher gegen ein deutsches Nationalteam seit 47 Jahren. Das war aber wirklich der einzige Wermutstropfen in diesen Wochen, wir hatten eine einmalige Zeit. Wunderbar. So etwas kommt nie wieder. Später haben wir uns die „Cabana-Boys" genannt.

※

Ein Ort, an dem ich früher viel Spaß hatte und den ich bis heute ins Herz geschlossen habe, ist Marbella. Das erste Mal war ich mit der Schule dort. Ich war vielleicht 15 oder 16 Jahre alt. Mein Madrider Internat Colegio Calasancio hatte eine Reise nach Malaga organisiert, von dort aus unternahmen wir eine kleine Bustour nach Marbella, das damals noch ein kleines, verträumtes Fischerdorf am Meer war. Keine Hotels, keine dicken Autos, nur Strand, ein paar urige Restaurants und kleine weiße Häuschen. Das kann man sich heute gar nicht mehr vorstellen …

Zum Hotspot der internationalen High Society wurde Marbella erst durch die Visionen und den Tatendrang des genialen Bonvivants Alfonso von Hohenlohe. Der hatte 1946 dort ein 120.000 qm großes Strandgrundstück für schlappe 3.000 Dollar gekauft. Später baute er die Familienfinca in ein kleines Hotel mit Beach Club um und nannte es schlicht „Marbella Club"!

Was für ein himmlischer Ort – so etwas gibt es heute gar nicht mehr. Ein Pool zwischen Palmen, dazu üppige Gärten, ein wunderbarer, feiner Sandstrand und herrlich exzentrische Feste, bei denen sich die Stimmungskanone Alfonso gerne selbst als DJ betätigte. Und die Atmosphäre … die war so wunderbar familiär. Alfonso hat dort etwas wirklich Einzigartiges erschaffen, ein ganz eigenes Lebensgefühl.

Könige und Hollywoodstars, Aristo-Kids und eitle Patriarchen aus der ganzen Welt tummelten sich jetzt nicht mehr ausschließlich in Saint-Tropez oder auf Capri, sondern hier. Sie feierten das Leben – und wie! Solche mondänen Feste wie damals in Marbella habe ich nie wieder erlebt. Ich hatte Alfonso durch Gunter Sachs bei einem großen Event in Timmendorfer Strand kennengelernt. Wir verstanden uns gleich prächtig und er sagte: „Wenn du in Spanien bist, musst du mich besuchen. Auf jeden Fall!" Und das tat ich auch. Zwischen Alfonso und mir entwickelte sich eine herzliche Freundschaft und ich trat öfter im „Marbella Club" auf. Die unglaublich amüsanten Partys, die immer dienstagabends im „Beach Club" stattfanden, werde ich nie vergessen. Dabei lernte ich auch Joan Collins mit ihren Töchtern kennen und Schauspieler Mel Ferrer, der gerade von Audrey Hepburn geschieden war. Und natürlich die unangefochtene Königin von Marbella, Gunilla von Bismarck, Urenkelin von Otto von Bismarck und strahlender Mittelpunkt jeder Party an der spanischen Südküste. Später wurden auch Sean Connery und seine Frau Teil der illustren „Marbella Club"-Gesellschaft. Mit dem Ehepaar Connery und der großartigen Sängerin Shirley Bassey war ich zu einem der prunkvollsten Feste meines ganzen Lebens eingeladen. Der schwerreiche Waffenhändler Adnan Kashoggi besaß damals ein märchenhaftes Anwesen namens „La Baraka" bei Marbella und feierte dort seinen Geburtstag.

Shirley und ich kannten uns durch die Familie Swarovski, die Besitzer der berühmten österreichischen Kristallglas-Firma. Wir hatten einst gemeinsam für den Firmenchef ein Geburtstagsständchen gesungen. Shirley und Sean Connery mochten sich wiederum, seit sie sich am Filmset des James-Bond-Streifens „Goldfinger" getroffen hatten, sehr gerne. Und so kam es, dass wir zu viert von einer Limousine vom „Marbella Club" abgeholt und zu Adnan Kashoggi chauffiert wurden.

Ich war schon vorher einmal in „La Baraka", einem gigantischen, 2.000 Hektar großen Anwesen, allerdings nicht bei Kashoggi, sondern bei einer Party des Vorbesitzers Henry Roussel. Die Villa war damals schon beeindruckend. Kashoggi hatte mittlerweile noch einmal zehn Schlafzimmer und einen Salon angebaut – und auch sonst den Luxus dort noch einmal verzehnfacht. Wem der Name Roussel nichts sagt: Thierry Roussel, Henrys Sohn, war mit Christina Onassis verheiratet, er ist auch der Vater von Christinas einziger Tochter Athina. So, genug der vielen verwirrenden Namen und zurück zur Party.

Wir fuhren also durch das Tor von „La Baraka" und Shirley, Connery, seine Frau und ich kamen aus dem Staunen gar nicht mehr heraus: Von der Einfahrt an der Hauptstraße bis zum Haupthaus waren es bestimmt vier oder fünf Kilometer, der Weg war von Olivenbäumen gesäumt. Dann kam man an einem Jagdhaus vorbei. Das Anwesen war so groß, dass man sogar darauf jagen konnte! Dafür hielt sich Adnan etwa 7.000 Fasane.

Außerdem gab es einen Pferdestall mit edlen Araberhengsten. Und der feierwütige Kashoggi hatte auf dem Anwesen natürlich auch eine eigene Diskothek gebaut mit einem Fußboden, der leuchtete. Wer hat, der hat! Und der Pool – das war kein Pool, sondern ein See. Dazu noch ein kleiner Golfplatz, Wahnsinn! Über uns kreisten Helikopter, denn einige der Gäste hatten beschlossen, den Luftweg zu nehmen. Im Haus waren Stühle und Sofas mit prächtigen goldenen Stoffen bezogen, viele Wände und Decken waren verspiegelt, überall standen Bedienstete, die es uns an nichts fehlen ließen.

Hummer, Krabben, Kaviar, Garnelen, Champagner, Cocktails – alles in Hülle und Fülle. Und Kashoggi kannte jeden seiner Gäste beim Namen, er war ein toller Gastgeber. Was war das für ein opulentes Fest! So etwas habe ich nie wieder erlebt.

Mit Shirley Bassey habe ich auf Sardinien etwas Lustiges erlebt! Wir waren wieder beide bei Swarovskis eingeladen, die hatten damals eine echte chinesische Dschunke im Mittelmeer, das war eine Sensation! Alle Leute guckten! Wir schipperten also mit der Dschunke um die Insel, aßen mittags köstliche Pasta und legten uns dann an Deck. Plötzlich sah ich auf einem benachbarten Schiff eine rote Haarmähne. Ich kniff die Augen zusammen, um besser sehen zu können. Diese Mähne kam mir so bekannt vor. „Milva?", rief ich. „Roberto!" Die italienische Sängerin stand auf, winkte fröhlich von ihrem Schiff herüber und fing an, eine Melodie auf Italienisch zu singen. Das weckte Shirleys Ehrgeiz. Sie sprang ebenfalls auf, winkte zurück und hielt mit einem englischen Hit dagegen. Es gab ein richtiges Wasserkonzert! Das war lustig.

※

Auch durch meine Leidenschaft fürs Tennis bin ich an viele wunderbare Orte gereist. Meine erste Tennisstunde fand auf einem Sandplatz im Sporting Club in Monte Carlo statt. Ich hatte ein Engagement im Casino und bekam eine Trainerstunde geschenkt. Seitdem habe ich immer einen Tennisschläger im Gepäck. Mich fasziniert dieser Sport, er ist so elegant. Ich stand mit vielen Weltstars auf dem Platz: Guillermo Vilas, Björn Borg, Manolo Santana, Roy Emerson, Mats Wilander, Henri Leconte, Ilie Nastase – mit Ilie hatte ich immer viel Spaß. Einmal haben wir gemeinsam Doppel gespielt. Das war in Düsseldorf, auf der Anlage des ehemaligen Wimbledon-Finalisten Wilhelm Bungert, gegen den Ex-Nationalmannschafts-Torwart Sepp Maier und einen englischen Profispieler. Ich fragte Ilie, bevor er aufschlug: „Wo soll ich mich am besten hinstellen?" Er antwortete ganz trocken: „Am besten, du legst dich am Netz flach auf den Boden, lass mich den Rest machen."

Ich wusste gar nicht, was er hatte … Schließlich war mein Aufschlag gefürchtet. Bei einem Turnier in St. Moritz erwischte mein Ball einmal eine tief fliegende Schwalbe, die für Minuten das Bewusstsein verlor – aber Gott sei Dank überlebte. Ich hatte eine harte, präzise Vorhand. Und Rückhand spiele ich wie Steffi Graf – immer Slice. Spaaaaaß! Ich war gut, ohne Frage. Aber Ilie und Roberto – da lagen Kontinente dazwischen.

Mit vielen Spielern war ich gut befreundet. Mit Ion Tiriac zum Beispiel und ich habe natürlich Boris Becker erlebt bei seinem ersten Sieg in Wimbledon. Steffi Graf kannte ich als Kind. Ich war bei Grafs manchmal zuhause und habe auch mit ihrem Bruder Michael viele Bälle geschlagen. Und ich saß auf der Tribüne, als Steffi 1988 Martina Navratilova in Wimbledon geschlagen hat. Was war das für ein Weltklasse-Spiel! Später haben einige versucht, sie mit Yannick Noah zu verkuppeln. Gut, dass das nicht geklappt hat, denn sie ist ja mit Andre Agassi sehr glücklich.

Ich habe alle großen Tennisturniere der Welt besucht. Mein aktueller Lieblingsspieler? Ich bewundere Roger Federer sehr, er hat uns auch in seine Loge in Wimbledon eingeladen, Luzandra und mich. Ein unglaublich sympathischer Mensch. Ich hatte die Freude, viele, viele großartige Tennisspieler persönlich kennen zu lernen. Viele meiner Geburtstage habe ich in Halle/Westfalen bei den Gerry Weber Open zusammen mit vielen deutschen und ausländischen Top-Spielern an meinem Tisch gefeiert. Ich besitze weit über 50 Tennisschläger, einige sind noch aus Holz. Und auf ein paar Exemplaren steht sogar: Special made for Roberto Blanco.

Da gibt es eine Geschichte: Ich habe immer beim berühmt-berüchtigten Lüftner-Cup mitgespielt, ein Tennisturnier, das der ehemalige Ariola-Chef Monti Lüftner jedes Jahr für seine Freunde veranstaltete, immer am letzten Samstag im Oktober. Viele Promintente aus der Medien-, Film- und Musikbranche waren regelmäßig dabei, Hubert Burda und Helmut Markwort, Otto Waalkes, Hansi Hinterseer und viele mehr. Irgendeiner sah vor dem ersten Match meinen Schläger liegen, hob ihn hoch und rief so laut, dass alle es hören konnten: „Guckt mal, der Roberto hat einen Schläger, auf dem steht ‚Special made for Roberto Blanco'." Er wandte sich zu mir und fragte etwas spöttisch: „Und du meinst, das hilft dir?" „Das wirst du schon merken", habe ich geantwortet. Und den Cup gewonnen.

Tennisspielen reicht mir als Sport. Ich habe einmal Golf ausprobiert, als ich im Urlaub an der Algarve war, in irgendeinem luxuriösen Golfhotel. Ich habe ein-, zweimal abgeschlagen. Dann habe ich den Golfschläger weggelegt und bin zum Tennis gegangen. Golf ist nichts für mich, es ist mir zu passiv.

Ich bin auch kein Skifahrer – aber dafür der beste Après-Ski-Fahrer der Welt.

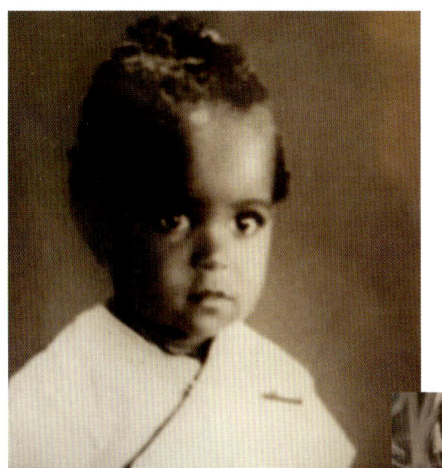

Eines meiner ganz frühen
Kinderfotos. Ich bin darauf
etwa zwei Jahre alt.

Mit meiner Freundin Zora.
Sie war die Tochter der
Showpartnerin meines Vaters.

Bei meiner ersten Reise
nach Ägypten hat mir
mein Vater die Uni-
form eines ägyptischen
Generals angezogen.

Mein erstes
Fahrrad hat
mir mein Vater
in Istanbul
geschenkt.
Ich war damals
sehr gut in der
Schule und
bekam es als
Belohnung.

Das Grab meiner Mutter
in Beirut im Libanon.

Auch der Name meines
Nennonkels Ramón Ortiz ist
auf dem Grabstein meiner
Mutter eingraviert.

Mit meinen Freunden
in Istanbul hatte ich
ziemlich viel Spaß.

Meine Eltern in ihren
Revuekostümen
Anfang der 30er-Jahre.
Mein Vater steht rechts
neben meiner Mutter,
links neben ihr ist
mein Nennonkel
Ramón Ortiz.

Während meiner
Internatszeit habe
ich das Leben sehr
genossen.

Mein Vater und ich sind
viel gereist. Hier sind wir
gerade in Rom.

Ordentlich Stimmung: Bühnenauftritt
mit der Band „Los Paraguayos".

Auf dem Kreuzfahrtschiff Vistafjord war ich als Showact engagiert.

Große Ehre: Costa Cordalis und ich bekamen vom Chef der Plattenfirma CBS die Goldene Schallplatte verliehen.

Bei einem Fotoshooting für eine Zeitschrift posierte ich als Cassius Clay.

Hottie: Wenn es mir zu warm war, habe ich meine Lieder im Studio oben ohne aufgenommen.

Und dann traf ich den echten Cassius Clay. Hier hieß er bereits Muhammad
Ali. Der weltberühmte Boxer hat uns zuhause in München besucht
und mit meiner Ex-Frau Mireille und mir zusammen gefrühstückt.

Das war eine einmalige Zeit! Auf Tournee mit der
wunderbaren Josephine Baker und dem Komponisten
Peter Kreuder.

Karel Gott und ich sind oft
gemeinsam aufgetreten und
sind gut befreundet.

Heino hat mich immer „mein weißer
Bruder" genannt. Und wie man sieht, haben
wir beide eine Vorliebe für rote Jacketts.

Ich stellte Luzandra Michail Gorbatschow vor. Als er hörte, dass sie
Kubanerin ist, sagte er immer wieder: „Cuba si, Yankee no!"

Michael Jackson
habe ich vor seinem
Auftritt in München
backstage in seiner
Garderobe besucht.

Thomas Gottschalk
kenne ich, seit er
beim Radio
gearbeitet hat.
Später war ich
viermal bei ihm bei
„Wetten, dass ..?"
zu Gast.
Wir pflegen eine
sehr nette
Bekanntschaft.

Backstage
mit Luzandra
nach einem
Konzert
von Eros
Ramazotti.

Bei meiner Show „Ein Abend mit Roberto Blanco" waren Julio Iglesias und Nicole die Stargäste. Es war Nicoles erster großer Auftritt, kurz nachdem sie den Eurovision Song Contest gewonnen hatte.

Lionel Richie habe ich zum ersten Mal getroffen, als er noch Mitglied bei der Band „The Commodores" war. Sein damaliger Manager hat uns miteinander bekannt gemacht. Später habe ich ihn gemeinsam mit Luzandra nach einem Auftritt in München wiedergesehen.

Mit Tina Turner und Udo Jürgens in München.

Wie viele Menschen haben solche Fotos? Beim „Ball des Sports" saß ich mit Hans-Dietrich Genscher, Helmut Kohl und Franz Josef Strauß am Tisch.

Michael Schumacher und sein früherer Manager Willi Weber hatten mich nach Budapest zur Formel 1 eingeladen.

Die weltberühmten Zauberer Siegfried und Roy und ich haben in unseren Anfangsjahren manches Mal gemeinsam auf der Bühne gestanden. Das Foto entstand, als ich die beiden in Las Vegas besucht habe.

Modedesigner
Rudolph Moshammer
war bis zu seinem Tod
ein lieber Freund.

Wer strahlt hier mehr?
Claudia Schiffer
und ich bei einer
Fernsehshow.

Konzentrierte
Gesichter:
Julio Iglesias,
Mireille Mathieu
und ich.

Zaubergeiger Helmut Zacharias (l.) und die Kinder von Franz Josef Strauß, Franz Georg (Mitte) und Monika Hohlmeier.

Im Zentrum der Macht: mit Hans-Dietrich Genscher und Helmut Kohl.

Große Politik: angeregter Plausch mit Angela Merkel.

Bei einem Event traf ich Albert von Monaco.

Hollywood in Hamburg:
Michael Douglas und ich
bei einer Preisverleihung.

Mit Morgan Freeman
bei einer Party.

Ein Herz für
Tiere: auf Gut
Aiderbichl,
dem Gnadenhof
von Michael
Aufhauser (2.v.l.),
traf ich die
Schauspieler
Alain Delon und
Hugh Grant.

Boris Becker und ich kennen uns seit den Anfängen seiner Karriere.

Björn Borg und ich haben auf Sardinien zusammen Tennis gespielt. Nach dem Match sahen wir beide zufrieden aus.

Rafael Nadal, die Nummer 1 der Tennis-Weltrangliste, und ich beim Tennisturnier in Halle/Westfalen.

Mit dem französischen Tennisstar Henri Leconte stand ich auch schon auf dem Platz.

Super-Golfer Tiger
Woods und ich in
Hamburg.

Den Kaiser
und „Kollegen"
Franz Beckenbauer
schätze ich sehr.

Was waren das für tolle Zeiten! Meine Reise nach Brasilien im Jahr
1978 mit den legendären „Cabana-Boys" werde ich nie vergessen.
Wir flogen mit der Concorde, auch der ehemalige Adidas-Chef Robert
Louis-Dreyfus (Mitte) war dabei. Rechts neben mir steht mein lieber
Freund Dr. Wolf Forster, der diese Wahnsinns-Reise organisiert hat.

Eines meiner absoluten
Lieblingsbilder: mein
Vater Don Alfonso und
seine beiden Söhne
Victor und Roberto.

Rudi Carrell war ein
echter Freund. Hier sind
wir beide für eine Show
in Acapulco.

Peter Alexander
und ich – ich war
in einer seiner
Shows zu Gast.

Alle Fotos aus dem Privatarchiv Roberto Blancos

Wenn sich eine Tür schließt, öffnet sich eine andere

Im Leben muss man ständig Entscheidungen treffen. Und die beeinflussen das Schicksal dann unwiderruflich: Nehme ich die linke oder die rechte Abzweigung, sage ich die Filmrolle zu oder lasse ich den Job bleiben, rufe ich diesen Menschen heute noch an oder vielleicht nie? Gehe ich mit dieser Frau zum Abendessen, buche ich doch den früheren Flug, sage ich einen Termin, der mir völlig unwichtig erscheint, ab? Jede dieser Entscheidungen hat irgendwelche Auswirkungen. Auf mein Leben und auf das von anderen Menschen. Ab und zu bedeutet eine Wahl zu treffen auch, ein großes Risiko einzugehen oder eine einschneidende Veränderung in die Wege zu leiten. Das war für mich nie ein Problem.

Manchmal habe ich mir etwas aus vollstem Herzen gewünscht. Ich wollte genau DIESEN Vertrag haben, unbedingt, oder genau DAS Lied produzieren, DIE Rolle im Theater spielen oder DIESE eine Reise zu einem ganz bestimmten Termin unternehmen. Dann hat es nicht geklappt und ich war enttäuscht und traurig. Erst viel später merkte ich, dass alles seinen Grund und seine Bestimmung hat. Bei den Dingen, die nicht so funktioniert haben, wie ich es mir in den Kopf gesetzt hatte, hatte wahrscheinlich der liebe Gott seine Finger im Spiel und es hat sich für mich am Ende viel glücklicher gefügt.

Bestimmt habe ich das eine oder andere Mal auf den ersten Blick nicht die richtige Wahl getroffen. Es kam mir zumindest so vor. Aber daraus entstand meistens etwas Gutes. Mit meiner Fernsehshow „Noten für 2" aufzuhören, nach nur vier Folgen, das habe ich ganz alleine beschlossen, ohne es mit jemandem von den Fernsehverantwortlichen abzusprechen. Es fühlte sich falsch an, die Show war einfach nicht das richtige Format für mich, es war eine Spieleshow und keine Sendung mit musikalischem Schwerpunkt.

❧

„Noten für 2" startete am 27. September 1980 und wurde vom *WDR* und von *Radio Bremen* produziert. Die Sendung sollte einmal monatlich ausgestrahlt werden. In dieser Show traten viele berühmte Showgrößen wie Nana Mouskouri, Demis Roussos, Roger Whittaker, Bud Spencer, Udo Jürgens u.v.a. auf. Ein paar Journalisten schrieben damals: Roberto Blanco ist der Nachfolger von Rudi Carrell – das war totaler Quatsch! Rudi hatte gerade aufgehört mit „Am laufenden Band", der berühmtesten Unterhaltungsshow der 70er-Jahre, in der ich oft zu Gast war. Er brauchte eine Pause. Aber das hatte nichts mit „Noten für 2" zu tun.

Seitdem Rudi und ich uns kannten, verband uns ein sehr enges Verhältnis, das hielt bis zu seinem Tod im Jahr 2006. Wir waren auf einer Wellenlänge. Jedes Mal, wenn wir uns in derselben Stadt aufhielten, haben wir uns gesehen. Einmal waren wir gemeinsam in Acapulco in Mexiko für die Gala eines Autoherstellers engagiert. Wir wohnten im Hotel Princess direkt am Meer, genossen das süße Leben und viele lustige Stunden miteinander.

Rudi Carrell hat mich als seinen einzigen Freund bezeichnet. Wir gingen stets ehrlich und offen miteinander um. Ich bin vorsichtig mit dem Wort „Freundschaft", es ist ein großes Wort. Natürlich hatte ich immer viele Bekanntschaften: Kollegen, Menschen, mit denen ich gerne Zeit verbrachte, die ich respektierte und die mich respektierten. Echte Freunde hatte ich wenige. Rudi war einer. Definitiv.

⁂

Beim Abschluss des Vertrages für „Noten für 2" habe ich leider einen Fehler gemacht. Ich habe nämlich unterschrieben, bevor ich das genaue Konzept der Sendung kannte. In der Show waren acht Kandidaten mit von der Partie, die in verschiedenen Spielen gegeneinander kämpften, Musik war eher Nebensache. Die große Herausforderung war allerdings, dass wir zwei Wochen vor der Premiere noch keine originellen Spiele hatten. Wir mussten total improvisieren.

Nach vier Shows wollte ich nicht mehr. Ohne vorher jemanden beim Sender zu informieren, habe ich live verkündet: „Meine Damen und Herren, heute gibt es ‚Noten für 2' zum letzten Mal im Fernsehen, ich hoffe, wir sehen uns bald mit einem anderen Format wieder." Diese Art von Show lag mir nicht, da war zu wenig Musik drin. Ich wollte ja gerne zurückkommen auf den Bildschirm, aber mit etwas, das zu mir passte, in der sich alles um Musik und Unterhaltung drehte. Darauf hatte ich Lust. Man darf sich nicht verbiegen. Nicht vor der Kamera – und schon gar nicht im richtigen Leben. Das merken deine Mitmenschen und nehmen dich nicht mehr ernst.

Eigentlich sollte „Noten für 2" auch im *ORF* laufen, aber da machte mir ein einflussreicher Herr einen Strich durch die Rechnung. Das kam so: Ich war für eine äußerst prominent besetzte Gala in Wien engagiert. Mit dabei waren unter anderem Joan Collins, mondän wie eh und je, und der großartige Schauspieler Curd Jürgens. Nach meinem Auftritt sollte ich die Sängerin Dagmar Koller ansagen, sie war mit Helmut Zilk verheiratet, dem späteren Bürgermeister von Wien, der aus seiner Zeit als Fernsehdirektor beim *ORF* dort auch noch gewaltigen Einfluss hatte.

Als die letzten Takte meines Liedes und mein Applaus verklungen waren, sagte ich: „Meine Damen und Herren, hier kommt für Sie Ihre – und unsere – Dagmar!" Aus irgendeinem Grund ließ ich den Nachnamen weg, aber das machte ja nichts. Denn das Publikum klatschte begeistert und freute sich auf seinen heiß geliebten Star. Ich ging, ohne irgendetwas Böses zu ahnen, hinter die Bühne. Da schoss Helmut Zilk auf mich zu und schrie mich an: „Sie heißt Dagmar Koller! Was würden denn Sie sagen, wenn man Sie einfach nur als Roberto bezeichnen würde?" Ich war völlig verdattert. Was hatte der denn für ein Problem? „Ja gar nichts!", entgegnete ich. „Jetzt beruhigen Sie sich mal! Was schreien Sie denn so?" Ich ließ ihn stehen. Dagmar Koller hat ihn dann nach ihrem Auftritt beruhigt, auf mich war sie gar nicht sauer. „Noten für 2" wurde im *ORF* nach nur einer Sendung abgesetzt. Ich bin mir sicher, da steckte Helmut Zilk dahinter. Aus Rache.

Aber neues Spiel, neues Glück. Denn die *ARD* wollte 1982 mit mir eine große Samstagabendshow produzieren – sie sollte „Ein Abend mit Roberto Blanco" heißen. Ich war voller Tatendrang und Energie und hatte mir vorgenommen, die allerbesten Gäste zusammenzubringen. Das hat auch geklappt – wobei mir ein ganz Großer leider durch die Lappen ging, was allerdings nicht meine Schuld war.

Ein paar Monate vor der Sendung war ich zum Formel-1-Rennen in Monte Carlo eingeladen, zum Großen Preis von Monaco. Gleichzeitig fanden in Cannes die Filmfestspiele statt. Es war also Hochsaison an der Côte d'Azur. Die Restaurants und Cafés waren voll mit weltberühmten Filmstars und leicht bekleideten Sternchen, langbeinigen Models, wichtigen Regisseuren und schwerreichen Unternehmern.

Ich saß mit ein paar Freunden in der Bar des berühmten Hôtel de Paris, das mitten in Monte Carlo am berühmten Place de Casino liegt. Die Bar war brechend voll. Als ich aus dem Fenster guckte, beobachtete ich, wie jemand versuchte, vor dem Hotel mit einem relativ kleinen Auto in eine sehr enge Lücke einzuparken, Der Fahrer manövrierte mühsam hin und her. Er kam mir irgendwie bekannt vor. Mensch, dachte ich mir, der hat etwas von Neil Diamond! Als ich kurz darauf zum Eingang der Bar blickte, sah ich ihn tatsächlich dort stehen – den amerikanischen Sänger Neil Diamond und seine Frau Marcia. Er war ein absoluter Weltstar zu dieser Zeit. Seine Lieder standen auf allen Kontinenten in den Charts ganz oben, jeder kannte die Melodien zu „Girl, you'll be a Woman soon", „Sweet Caroline" oder „Song Sung Blue".

Er schien nach einem Platz zu suchen, aber kein einziger Stuhl war mehr frei. Ich sagte zu meinen Freunden: „Kinder, seht mal, wer da an der Tür ist! Neil Diamond mit seiner Frau! Los, macht mal zwei Plätze frei, ich versuche, ihn zu uns zu holen.“

Ich ging zu Neil und sprach ihn an: „Hello, my name is Roberto Blanco. Es wäre mir eine Ehre, Sie und Ihre Frau auf einen Champagner einzuladen. Ich bin ein Entertainer und lebe in Deutschland. Da hinten“, ich deutete in unsere Ecke, „habe ich für Sie zwei Plätze organisiert.“ Erst blickte er mich etwas erstaunt an, dann freute er sich, bedankte sich für das Angebot und folgte mir zu unserem Tisch.

Wir unterhielten uns wirklich nett. Er erzählte, dass er nach Cannes gereist war, um seinen Film „Der Jazz-Sänger“ zu präsentieren. Diamond spielte einen jungen jüdischen Künstler, der gegen den Willen seiner strenggläubigen Eltern nach Kalifornien geht, um Musiker zu werden, dadurch entfremdet er sich völlig von seiner Familie. Der Soundtrack mit Hits wie „Love on the Rocks“ und „Hello again“ war natürlich komplett von ihm.

Am liebsten, verriet er mir, wäre er natürlich zum Formel-1-Rennen am nächsten Tag gegangen, viel lieber als zu all den Filmpremieren, aber leider hätte er keine Tickets mehr bekommen. Und sein Agent hätte in der Zwischenzeit so viele Termine für ihn ausgemacht, dass an Autorennen gar nicht mehr zu denken gewesen wäre. Darüber schien er wirklich betrübt zu sein.

Da kam mir eine geniale Idee. „Wait a moment!“, sagte ich zu ihm und sprintete los. Mein Zimmernachbar im Hôtel de Paris war ein deutscher Fernsehreporter, der für den Großen Preis von Monaco akkreditiert war. Ich klopfte bei ihm an die Zimmertür. Als er öffnete, fragte ich ihn: „Kannst du mir einen

Gefallen tun?" „Klar, was?" „Ich muss mir deinen Akkreditierungsausweis leihen." „Wie bitte?" Der Reporter war irritiert. „Nicht für mich, für Neil Diamond." Jetzt guckte der Journalist noch ungläubiger. „Für DEN Neil Diamond? Den Sänger? Ist er hier?" „Ja, ich will mit ihm nur die Autos angucken. Beim Training." „Aber Roberto, ich brauche den gleich wieder!", sagte er streng und wedelte lehrerhaft mit dem Ausweis. Dann übergab der Reporter mir etwas widerwillig das Stück Papier.

Neil und ich sahen uns also aus nächster Nähe das Training an. Wir standen in der Boxengasse, die Rennwagen flitzten in einer affenartigen Geschwindigkeit an uns vorbei und die Motoren röhrten so laut, dass wir uns kaum unterhalten konnten. Und der großartige Neil Diamond strahlte übers ganze Gesicht. Er machte ständig Fotos und war nur widerwillig wieder von der Rennstrecke wegzubewegen. Irgendwann mussten wir leider zurück und ich gab dem Reporter brav seinen Ausweis wieder.

Wir nahmen noch einen Drink, dabei fragte ich Neil, ob er sich denn vorstellen könnte, als Stargast in meine Show zu kommen. Damit würde er mir eine irrsinnige Freude machen. „Klar, hier ist die Telefonnummer meines Managers." Er schrieb mir die Nummer auf ein Stück Papier. „Bitte melde dich bei ihm, ich werde ihm sagen, dass ich auf jeden Fall in deine Sendung kommen möchte und er das koordinieren soll."

Abends hatten Bekannte von uns ein Dinner im Hotel organisiert, in einer Suite mit einem Traumblick aufs Meer. Ich lud Neil und seine Frau ein. „Ich würde wirklich gerne dabei sein, ich versuche mein Bestes – aber eigentlich muss ich heute auf einer Veranstaltung ein bisschen Werbung für meinen Film machen", entschuldigte er sich. Danach begleitete ich das

Ehepaar Diamond nach draußen. Er parkte wieder etwas ungeschickt aus der kleinen Parklücke aus, hupte und brauste in Richtung Cannes davon. Eine Stunde später kam ein Page zu mir und brachte mir einen riesigen Blumenstrauß. „We can't make it. Thank you, Roberto. Neil", stand auf der Karte. Ich habe mich echt gefreut.

Zurück in Deutschland rief ich sofort bei meinem Redakteur vom *WDR*, der meine Show produzierte, an. „Stellt euch vor: Wir können Neil Diamond für die erste Sendung haben! Ist das nicht sensationell?" Ich war so aufgeregt, das wäre doch der Knüller! Diamond war bis dahin noch nie im deutschen Fernsehen aufgetreten. Der Redakteur am Telefon war völlig überrascht. „Wie bitte? Wie bist du denn an den rangekommen?" „Ich habe ihn in Monte Carlo getroffen, hier, ich gebe dir die Nummer seines Managers, bitte kontaktiere ihn gleich! Neil hat mir zugesagt, dass er kommt. Ich habe ihm nämlich einen kleinen Gefallen getan."

Ich vertraute darauf, dass alles seinen Weg gehen würde. Zwei Wochen später rief ich Neils Manager an, um mich zu erkundigen, ob noch irgendwelche Fragen offen waren. Erst wusste er nicht, wer ich war und wovon ich überhaupt sprach. Doch als ich meinen Namen langsam buchstabierte, fiel der Groschen. „Ah, one moment", brummte er und schien sich zu erinnern. „Neil hat mir Ihren Namen gegeben und mir erzählt, dass Sie sehr nett zu ihm waren." „Hat Sie noch niemand vom *WDR* kontaktiert?" „*WDR*? Was ist das? Nie gehört." Ich war kurz davor, zu explodieren. Das gab es ja wohl nicht! Die hatten ihn tatsächlich nicht angerufen! Ich atmete tief durch und erklärte dem Manager die Situation. „Neil und ich haben uns in Monte Carlo kennengelernt. Ich bin

Entertainer und habe eine große Samstagabendshow im deutschen Fernsehen. Ich habe ihn gefragt, ob er als Stargast dabei sein könnte, und er hat mir zugesagt."

Das sei eigentlich kein Problem, meinte der Manager, wir sollten den Termin nur bitte in den nächsten zehn Tagen festmachen, sonst würde Neil ein Engagement in Las Vegas unterschreiben. „Gut, kein Problem", versicherte ich ihm. Und rief wutschnaubend beim *WDR* an. „Warum hat sich denn niemand bei dem Mann gemeldet? Ihr müsst euch jetzt kümmern, sonst kriegen wir Neil Diamond nicht." Ja, ja, hieß es am anderen Ende der Leitung. Kein Problem, ich könne mich darauf verlassen, das sei ihnen irgendwie durchgerutscht. Ich hörte nichts mehr von der Redaktion, ein Tag, zwei Tage, acht Tage. Also ging ich davon aus, dass alles geklappt hatte. Nach zehn Tagen meldete ich mich wieder bei Neils Manager.

„Alles klar?" fragte ich. „Leider nein. Niemand hat aus Deutschland angerufen, deswegen hat Neil jetzt den Job in Las Vegas angenommen." Ich legte total verärgert und frustriert auf. Das konnte doch wirklich nicht möglich sein. Das war ja beinahe Sabotage! Wutentbrannt rief ich meinen Redakteur beim Sender an. Er redete sich sehr halbherzig heraus. Neil Diamond hätte bestimmt viel zu viel Geld gewollt für seinen Auftritt und außerdem einen Privatjet und was weiß ich noch alles für Sonderwünsche gehabt. „Dass das nicht geklappt hat, das werfe ich dir nicht vor. Aber dass du nicht einmal angerufen hast, das finde ich schlimm", sagte ich erbost und legte auf!

Ich war so wütend! Wen sollen wir denn jetzt holen, der Millionen vor den Fernsehbildschirm lockt? Ich wollte unbedingt einen ganz tollen Stargast haben! Julio musste kommen. Mein lieber alter Bekannter Julio Iglesias, der schon bei „Noten für 2" mit dabei war, würde mich nicht im Stich lassen. Hat er auch nicht. Er kam, sang sein Lied „Du bist mein erster Gedanke" und begeisterte alle. Und noch ein weiterer Stargast sorgte für Standing Ovations: die Sängerin Nicole – sie hatte kurz zuvor mit nur 17 Jahren als erste deutsche Interpretin den Eurovision Song Contest im englischen Harrogate gewonnen. Und zwar mit dem wunderbaren Lied „Ein bißchen Frieden", das Ralph Siegel für sie komponiert hatte.

Als ich meine Redaktion bat, sie unbedingt einzuladen, weil ich glaubte, dass das Publikum sie liebte, schlug mir große Unlust entgegen. „Nicole ... wirklich?" „Ja, wirklich! Was ist bloß los mit euch? Glaubt mir, für Nicole schlagen gerade alle Herzen." Und genau so war es. Auch meine anderen Showgäste Nana Mouskouri, Roger Whittaker und Demis Roussos waren sensationell.

Und jetzt kommt der Knaller: Meine Show „Ein Abend mit Roberto Blanco" hatte 49 Prozent Marktanteil! Neunundvierzig Prozent! Diese Zahl muss man sich auf der Zunge zergehen lassen, insgesamt 17 Millionen Zuschauer. Das muss man sich mal vorstellen. Ich war sooo stolz und glücklich.

Etwa ein halbes Jahr später lief meine zweite Samstagabendshow in der *ARD* – sie hieß „Musik ist meine Welt". Dalida, die ich sehr bewunderte, kam als Stargast nach Münster und Katja Epstein war dabei, sie spielte die Desdemona. Die Quoten waren ähnlich gut. Ein paar Wochen nach der Sendung habe ich die Redaktion angerufen: Wann ist die nächste Show? „Ja, äh, wissen wir nicht", war die etwas unbefriedigende Antwort. Das kam mir merkwürdig vor. Am nächsten Tag rief ich wieder an. Ich wollte wissen, was los war. „Die Show wird eingestellt", hieß es lapidar am anderen Ende der Telefonleitung. „Warum?", fragte ich irritiert. „Das weiß ich nicht. Ansage von oben." Ich war ziemlich geknickt. Mir hatte meine Show großen Spaß gemacht – und der Erfolg sprach ja für sie.

Aber: Es geht eben leider nicht immer nur nach oben im Leben. Manchmal läuft es eine Zeit lang geradeaus, ohne Ausschläge in irgendeine Richtung, es wird einem beinahe langweilig. Und dann, plötzlich, ohne Vorwarnung, fällst du ein Stück runter. Nicht nach ganz unten, aber weit genug, dass es dir weh tut. Dann freust du dich allerdings doppelt, wenn wieder bessere Zeiten kommen.

Irgendjemandem beim *WDR* oder bei der *ARD* war ich ein Dorn im Auge und er gönnte mir den Erfolg mit meiner Show nicht. Neid und Missgunst sind schlimme Eigenschaften. Sie vergiften den Charakter eines Menschen. Ich habe noch nie jemanden erlebt, der ständig nach den Erfolgen oder Besitztümern eines anderen schielt – und dabei glücklich ist. Der Ausdruck „von Neid zerfressen" stimmt total. Ich versuche, mich so gut es geht von negativ neidischen Menschen fern zu halten. Die wollen einem nichts Gutes und warten nur darauf, dass man scheitert.

❦

Ein Mensch, der völlig frei von Neid und Missgunst war? Mein guter Freund Rudolf Moshammer, er hatte ein goldenes Herz.

Die Sängerin Margot Werner hatte uns auf einem Fest einander vorgestellt. Woher ich die Sängerin mit dem flammend roten Haar kannte? Aus München natürlich, sie war früher Primaballerina an der Bayerischen Staatsoper gewesen, wir trafen uns ab und zu auf diversen Partys. Dann lud ich Margot in den 70er-Jahren mit ihrem Lied „So ein Mann" in meine *ZDF*-Fernsehshow „1000 Takte Temperament" ein. Es war das erste Mal, dass sie dieses Lied im Fernsehen sang. Und der Song wurde ein gigantischer Erfolg.

❧

Wie auch immer: Durch sie habe ich den exzentrischen Modezar Moshammer kennen- und schätzen gelernt, zwischen mir und Rudolf entwickelte sich schnell eine innige Freundschaft. Zu Menschen, die ihm nahestanden wie ich, war er wie ein Bruder. Er hätte alles für mich getan. Rudolf wurde auch der Patenonkel meiner Tochter Patricia.

Ich bewunderte seinen Geschäftssinn auf der einen Seite und sein hingebungsvolles Engagement für die Menschen, die wie er nicht auf der Sonnenseite des Lebens geboren waren. Er war ein einzigartiger Mensch mit einem riesigen Herzen. Klar, nach außen hin wirkte er sehr exaltiert, wenn er mit seiner Perücke und seiner Yorkshirehündin Daisy auf dem Arm durch die Maximilianstraße flanierte. Aber wer hinter die schräge und schillernde Fassade der Kunstfigur blickte, erlebte einen warmherzigen, treuen und engagierten Mann, dem das Wohl seiner Mitmenschen sehr wichtig war. Deswegen gründete er ja auch seine Stiftung „Licht für Obdachlose".

Wir saßen oft in seinem Wirtshaus „Hundskugel" zusammen und haben über das Leben philosophiert. Und dann diese schreckliche Tragödie! Ich hatte manchmal, wenn er abends loszog, ein ungutes Gefühl. Aber ich vertraute darauf, dass ihm nichts passiert. Weil er ja in der Regel mit seinen Bodyguards unterwegs war oder mit seinem Chauffeur Andreas, der den Rolls-Royce durch die Gegend kutschierte. Dass er in dieser einen Nacht unbedingt alleine losgehen musste … was für eine Katastrophe! Als ich die Nachricht von seiner Ermordung am Telefon erhielt, habe ich geweint wie ein Kind.

Der Trauergottesdienst in der Münchner Allerheiligenhofkirche war unglaublich festlich und sehr bewegend, es wurde Mozarts „Requiem" gespielt. Danach wurde Rudolf neben seiner Mutter Else auf dem Ostfriedhof in München begraben.

❦

Mutti Else mit den lilafarbenen Haaren war etwas ganz Besonderes. Sie war sehr geschäftstüchtig. Bis zu ihrem Tod 1993 war sie Rudolfs engste Vertraute. Ich mochte sie, hatte aber auch großen Respekt vor ihr, sie hat immer „Mein Sohn" zu mir gesagt. Manchmal, wenn ich in der Stadt war, wollte ich ihr nur kurz „Guten Tag" sagen. Kaum hatte ich das Geschäft betreten, kam sie schon mit ein paar Jacketts auf mich zu. „Roberto, ich hab was für dich: tolle Jacken, tolle Farben, toller Schnitt. Probier mal, die sind wirklich wunderschön." Meistens tat ich ihr den Gefallen und schlüpfte in die Sachen hinein. Sie war immer total begeistert. „Das steht dir ausgezeichnet, wie auf den Leib geschneidert." Und wenn sie merkte, dass ich etwas unschlüssig war, sagte sie: „Mein Sohn, probier das zuhause noch mal ganz in Ruhe an und guck dort in den Spiegel. Lass dir ein paar Tage Zeit. Und was dir nicht gefällt, bringst du mir zurück."

Ich nahm die Jacken mit. Und abends steckte schon die Rechnung in unserem Briefkasten, mit 30 Prozent Rabatt. Ja, ja, so war die Mutti Else ... Ich hatte die beiden Moshammers wirklich gerne. Jedenfalls besitze ich bis heute eine blaue, eine braune und eine beige Jacke von Rudolf Moshammer.

Wobei ja eigentlich rote Jacken mein Markenzeichen sind. Aber da bin ich bei Moshammer leider nicht fündig geworden. Wegen meiner roten Jacken bin ich sogar einmal von einer Zeitschrift zum am schlechtesten angezogenen Mann des Landes gewählt worden. Der am besten angezogene war in diesem Jahr Horst Köhler. Ich habe das nicht verstanden, denn er trug nur graue Anzüge. Was aber wirklich interessant war: Zwölf Monate später war in den Kollektionen von Wolfgang Joop, Boss und vielen anderen großen Modedesignern plötzlich die rote Jacke ganz hip! Da soll mir noch mal einer sagen, ich hätte einen schlechten Geschmack.

Seid nett zueinander –
man sieht sich immer
zwei- oder dreimal
im Leben

I ch mag es überhaupt nicht, wenn ein Mensch einen anderen, der vermeintlich unter ihm steht, schlecht oder respektlos behandelt. Jemanden heruntermachen, am besten noch vor fremden Leuten, sich auf dessen Kosten zu erhöhen, das habe ich nie getan und das stößt mir immer sauer auf. Ich war früher für viele Galas im Hotel Hilton in Berlin engagiert. In dieser Zeit hatte ich mich mit dem General Manager des Hotels angefreundet, seine Frau war Brasilianerin und wir verstanden uns gut. Eines Abends hatten wir uns verabredet. Ich sollte ihn um 17 Uhr im Büro abholen, seine Frau hatte brasilianisch gekocht. Ich war pünktlich dort und machte es mir in seinem Vorzimmer gemütlich. Plötzlich kam ein junger Mann herein. Er schien etwas nervös, setzte sich neben mich und wir plauderten ein bisschen. Sein Name sei Bernd, erzählte er, und er habe um 17 Uhr ein Bewerbungsgespräch. Es war mittlerweile schon 17:15 Uhr geworden.

Ein paar Minuten später kam mein Freund, der Generaldirektor, polternd aus seinem Büro. „Los, los, Roberto, lass uns gehen", trieb er mich an. „Moment", bremste ich ihn. „Du hast einen Termin mit dem jungen Mann hier." Er sah Bernd erst überrascht, dann missmutig an und sagte unfreundlich: „Ach, kommen Sie doch ein anderes Mal vorbei." Bernd war gar nicht begeistert: „Entschuldigen Sie, ich bin ziemlich weit gereist, ich saß stundenlang im Zug." Ich fand das Verhalten meines Freundes auch nicht sehr sympathisch. „Bitte tu mir den Gefallen und rede mit Bernd. Ich warte gerne noch ein bisschen." Er machte Bernd ein Zeichen, dass er ihm ins Büro folgen sollte, und schloss die Tür hinter ihnen. Nach zehn Minuten öffnete sich die Tür. Bernd kam stinksauer heraus und zischte meinen Freund wütend an: „So behandelt man keinen Menschen! Sie werden von mir hören." Dann verließ er das Vorzimmer. Der Generaldirektor zuckte mit den Schultern, sobald wir im Auto saßen, sprachen wir über irgendeinen unserer gemeinsamen Bekannten und der Vorfall im Büro war bald vergessen.

Ein paar Jahre später flog ich mit Ambros Seelos, dem hochgeschätzten Bandleader und Saxofonisten, von Bangkok nach Singapur, meine Frau Mireille begleitete mich. Ambros und ich sollten auf einer Gala im Hotel Hyatt auftreten, bei der „Deutschen Woche". Vor dem Hyatt war ein gewaltiger roter Teppich ausgelegt, Mireille und ich wurden wie Royals empfangen.

Der Direktor kam sofort auf mich zu: „Willkommen, Herr Blanco. Ich würde Sie gerne mit Ihrer Gattin zum Essen einladen und Sie können Ihre Musiker mitbringen." „Das ist aber nett", freute ich mich. „Sehr gerne." Was war das für ein großzügiger Abend! Es gab ordentlich viel Kaviar und Champagner und danach exquisites chinesisches Essen. Der Direktor saß bei uns am Tisch und wir unterhielten uns über Gott und die Welt. Ein wirklich herzlicher, gebildeter Mensch. Auch Mireille fühlte sich sehr wohl. Irgendwann beugte er sich zu mir herüber und sagte: „Herr Blanco, wir kennen uns." Oh je. Das war mir etwas peinlich. Ich konnte ihn nämlich gerade gar nicht einordnen. Er fuhr fort. „Darf ich Ihnen etwas erzählen?" Ich nickte. „Sie erinnern sich vielleicht nicht mehr an mich, aber wir saßen vor einiger Zeit gemeinsam im Vorzimmer des General Managers vom Hotel Hilton in Berlin. Und der hat mich sehr unfreundlich behandelt." Jetzt dämmerte es mir. War das etwa … „Bernd?" fragte ich zögernd. Mein Gegenüber strahlte über das ganze Gesicht. „Genau. Ich heiße Bernd Chorengel. Ich bin der General Manager des Hotels hier."

Verrückt, wie das Leben manchmal so spielt. An einem Tag wirst du von einem vermeintlich Großen wie ein Schuljunge heruntergeputzt und geringschätzig behandelt, Jahre später bist du selber einer von den Großen und Mächtigen, einer, der über Schicksale entscheidet, einer, der Karrieren mit Daumen hoch oder runter macht oder killt. Mit dieser Verantwortung muss man sehr vorsichtig umgehen.

Man sollte seine Mitmenschen immer freundlich und fair behandeln. Denn irgendwann trifft man sich wieder im Leben, meistens zu einem Zeitpunkt, an dem man gar nicht damit rechnet. Heute bist du Bettler und der andere der König. Aber in fünf Jahren haben sich die Verhältnisse vielleicht total geändert. Und du hast Erfolg und wirst von allen bewundert, während der König von seinem Thron verjagt worden ist. Man sollte Menschen nie danach beurteilen, was sie gerade haben oder sind. Das geht nach hinten los. Ich versuche immer, zu allen freundlich und respektvoll zu sein, egal, ob sie einen Cent oder eben keinen in der Tasche haben. Oder Kreditkarten.

Während unserer Zeit in Singapur sorgte Bernd Chorengel jedenfalls dafür, dass es uns an nichts fehlte. Wir hatten eine traumhafte Suite. Und sogar einen Wagen mit Chauffeur. Auch später, wenn ich irgendwo auf der Welt in einem Hyatt-Hotel übernachtet habe, hat er mir ein besonders schönes Zimmer gegeben, in Acapulco einmal die oberste Suite – zum Preis eines Einzelzimmers. Später wurde er Präsident von Hyatt International – und als „Welthotelier des Jahres" ausgezeichnet.

⁂

Eine Situation, in der mir Freundlichkeit – und vielleicht auch etwas Glück – weitergeholfen hat, ist ebenfalls schon ein paar Jahre her. Das war in Warnemünde. Mit meinem großartigen Kollegen, dem Komiker Karl Dall, war ich gemeinsam für eine Fernsehsendung nach Mecklenburg-Vorpommern gekommen.

Die Show war gegen 22 Uhr zu Ende, wir blieben noch ein bisschen hinter der Bühne und redeten und verließen dann die Halle, um zurück zum Hotel zu gelangen. Das war etwa 600 Meter entfernt. Aber auf dem Weg dorthin, gleich in der Nähe der Halle, befand sich ein bekannter Treffpunkt von Neonazis.

Es war ein schöner, warmer Abend und ich überredete Karl, der gerne mit dem Auto fahren wollte, lieber ein paar Schritte zu gehen. „Komm, das ist doch gleich da drüben, was soll uns schon passieren." Die frische Luft würde uns gut tun. Wir liefen also los und ich sah aus den Augenwinkeln, dass auf dem Weg zwischen uns und dem Hotel viele Polizisten standen. Und vor einem Kiosk hingen etwa zehn Neonazis herum. Auf einmal schoss einer von ihnen auf mich zu. „Ey, Roberto Blanco." Karls Hand grub sich fest in meinen Arm und er flüsterte besorgt: „Oh Gott, oh Gott …!"

Mir war auch etwas mulmig zumute. Vielleicht war das mit dem Laufen doch keine so gute Idee gewesen. Menschen mit meiner Hautfarbe gehörten ja nicht unbedingt zu den allerliebsten Freunden dieser Neonazis. Jetzt stand der junge Typ

118

mit der Glatze und den Tattoos ganz dicht vor mir. Karl war mittlerweile die Farbe ganz aus dem Gesicht gewichen. „Gib mir mal ein Autogramm für meine Mutter! Sie ist ein großer Fan." Puh, war ich erleichtert. Ich musste fast grinsen und habe ihm natürlich eines gegeben. Wir gingen weiter, einer der Polizisten machte mir ein Zeichen, ob er kommen sollte. Aber ich winkte ab und signalisierte, dass alles okay war. Da kam schon der Nächste aus der Neonazi-Gruppe auf mich zu. „Ey Roberto, ich will ein Autogramm für meinen Vater und meine Schwester."

Nach gefühlt einer halben Stunde erreichten wir endlich das Hotel. Karl war fix und fertig. „Roberto, ich brauche einen doppelten Cognac, aber von der guten Sorte. Und zwar schnell", stöhnte er. Ich habe ihm einen ausgegeben und auch einen getrunken. „Du hast vielleicht Mut", sagte mein Freund Karl. „Wieso Mut?", entgegnete ich. „Wenn ich zu denen unfreundlich gewesen wäre und gesagt hätte: ‚Lasst mich in Ruhe', dann wären die auch unfreundlich geworden." Ich gebe zu, ich hatte bestimmt auch Glück. Aber ich habe oft die Erfahrung gemacht: Wenn du nett zu den Leuten bist, sind sie auch nett zu dir. Ich bin kein politischer Mensch, ich bin Entertainer. Ich will nur, dass es den Menschen hier gut geht.

※

Franz Josef Strauß hat mir einmal geraten: „Behalte deine Meinung für dich." Ich rede nicht über Politik. Mit Strauß war ich gut befreundet, ich kannte seine Frau und seine Kinder. Einmal trat ich bei einer großen Veranstaltung der CDU/CSU auf, neben Strauß waren noch viele weitere Politgrößen wie Helmut Kohl gekommen. Nach meinem Auftritt kochte die Stimmung so richtig. Und ich rief ins Mikrofon: „Ich weiß, warum Sie mich engagiert haben – wir Schwarzen, wir müssen zusammenhalten!" Dafür gab es einen Riesenapplaus, die Leute rasteten aus und die Halle tobte bestimmt zehn Minuten lang. Danach machte mich Strauß zum Ehrenmitglied seiner Partei. Als viele Jahre später Bayerns CSU-Innenminister Joachim Herrmann mich bei „Hart, aber fair" als „wunderbaren Neger" bezeichnete, stürzten sich alle wie die Geier auf ihn. Am nächsten Tag riefen mich unzählige Reporter an und wollten wissen, wie ich mit dieser rassistischen Beleidigung umginge. Aber Joachim Herrmann hatte das doch nicht böse gemeint. Klar, statt Neger hätte er besser Farbiger verwenden sollen. Ich habe mich dadurch nicht beleidigt gefühlt, nicht im Geringsten. Und ich habe ihm das auch nicht übel genommen. Ich bin ein stolzer Farbiger.

Dass Freundschaften auch 50 Jahre, in denen man sich nicht sieht und nichts voneinander hört, völlig unbeschadet überstehen können, das lernte ich im Jahr 1986. Ich wurde vom kubanischen Tourismus-Ministerium eingeladen, gemeinsam mit ein paar Journalisten Kuba zu besuchen. Zum allerersten Mal würde ich an den Ort reisen, wo meine Eltern und Großeltern geboren wurden, zu meinen Wurzeln. Auch mein Vater war nie wieder dort gewesen, seit er mit meiner Mutter und den anderen Varieté-Künstlern 1935 die Insel verlassen hatte. Er erzählte mir oft, wie wunderschön die Insel sei. Von den weiß schimmernden Stränden, die sanft zum azurblauen Meer hin abfallen, von Palmen und Mangrovenwäldern, von kleinen pittoresken Städtchen, wo abends die Männer unter freiem Himmel musizierten, von den pastellfarbenen Palästen der alten Zuckerbarone. Und natürlich vom wunderbaren Teatro Terry in Cienfuegos, dem Ort, an dem er meine Mutter Mercedes kennengelernt hatte.

Auf der Karibikinsel hatte Fidel Castro seit 1959 das Sagen. Anfang der 60er-Jahre hatte er dann den Kommunismus eingeführt und bei der Sowjetunion Schutz vor dem „kapitalistischen" Nachbarn USA gesucht. Und jetzt war Michail Gorbatschow Generalsekretär des Zentralkomitees der Kommunistischen Partei geworden. Zu Fidels großem Ärger hatte dieser „Perestroika" und „Glasnost" eingeleitet. Castro war alles andere als begeistert, er lehnte beide Reformprogramme total ab.

Ich signalisierte dem kubanischen Tourismus-Ministerium, dass ich großes Interesse hätte, nach Kuba zu kommen, und die Presse auch, wie gewünscht, Bilder mit mir machen könne, dass ich aber meinen Vater unbedingt mitnehmen wolle. Er sei Kubaner und schon seit über 50 Jahren nicht mehr in seiner Heimat gewesen. Sie müssten sich erst besprechen, erwiderten die Verantwortlichen. Ein paar Tage hörte ich nichts. Ich hoffte und betete. Ich wollte Papa so gerne dabeihaben und ihm diese große Freude machen. Und dann: Puh! Genehmigt! Papa hatte inzwischen einen spanischen Pass. In einem Eilverfahren bekam er ein Supersondervisum von den Behörden ausgestellt, sodass er mich tatsächlich begleiten konnte.

Selten habe ich meinen Vater so aufgewühlt und nervös gesehen. Wir hatten Plätze nebeneinander in der Maschine nach Havanna, natürlich ließ ich ihn am Fenster sitzen. Mit jedem Kilometer, den wir uns der Karibikinsel näherten, wurde der sonst so souveräne Don Alfonso angespannter. Als das Flugzeug schließlich über Havanna kreiste, klebte er regelrecht an der Scheibe. „Roberto, Kuba hat sich ja gar nicht verändert", sagte er mit belegter Stimme. „Papa, du hast es doch noch nie aus der Luft gesehen, du bist damals mit dem Schiff weggefahren", beruhigte ich ihn. Wir landeten sanft und stiegen aus. Sobald wir das Flughafengelände verlassen hatten, kniete mein Vater nieder, küsste den Boden und sagte langsam und andächtig: „Kuba, ich bin wieder da." Das war wirklich sehr berührend. Die Soldaten, die am Flughafen standen, blickten ihn erst etwas skeptisch an, ließen ihn aber Gott sei Dank in Ruhe.

❧

Er war so ergriffen. Nach all den Jahren wieder in der Heimat. Wir haben überall Fotos gemacht. Dann besuchten wir seinen Cousin und dessen Kinder. Es war ein tolles Gefühl, endlich meine Familie kennenzulernen. Auch wenn wir uns vorher noch nie gesehen hatten, spürte ich sofort eine Verbindung. Aber am emotionalsten war es, als mein Vater seinen früheren besten Freund Molinet wiedergetroffen hat. Er wusste noch, wo dieser Molinet in Havanna wohnte. Eines Morgens fuhren wir also hin, auf gut Glück, natürlich ohne Vorankündigung. Wir klopften an die Tür – und ich dachte, der Mann, der die Tür nach ein paar Minuten öffnete, kriegt einen Herzinfarkt. Er hat meinen Vater sofort wiedererkannt und fing an zu heulen – vor Rührung. Die Tränen strömten nur so über sein runzliges Gesicht. Und mein Vater fing auch gleich an zu

122

weinen. Sie umarmten sich ganz fest. Das waren sehr bewegende Momente.

Ich wollte die beiden alleine lassen, damit sie sich in Ruhe unterhalten konnten, und sagte zu Papa: „Ich hole dich in einer Stunde wieder ab!" „In einer Stunde?", sagte mein Vater ungläubig. „Ausgeschlossen! Heute Abend!" Als ich nach Einbruch der Dunkelheit wieder zu Molinet kam, saßen die beiden immer noch da, die Köpfe eng zusammengesteckt, und redeten und redeten.

Vom Teatro Terry in Cienfuegos war ich völlig fasziniert. Einerseits, weil sich hier ja mein Schicksal entschieden hat: Hätten sich meine Eltern dort nicht kennengelernt und ineinander verliebt, gäbe es mich heute nicht. Andererseits, weil man sich unter der verblichenen Eleganz noch all die Pracht von damals vorstellen konnte. Als ich mich auf einen der Holzstühle unter der Freskendecke im Zuschauerraum setzte und die Augen schloss, war es für einen Moment ganz still. Und ich meinte, irgendwo von ganz weit entfernt rauschenden Applaus und „Bravo"-Rufe zu hören und das Geklackere von Tanzschuhen. Und als ich tief durchatmete, lag ein Hauch von Parfum in der Luft, der von den vornehmen Damen in ihren langen Kleidern aus einer längst vergangenen Epoche stammte. Ich wandelte auf den Spuren meiner Vergangenheit, das war sehr berührend. Auch für meinen Vater. Für mich war diese dreiwöchige Reise ein Wahnsinnserlebnis. Das kann man kaum mit Worten beschreiben. Aber am allerschönsten war es für mich, meinen Vater, Don Alfonso, aus tiefstem Herzen glücklich zu sehen.

Ein Jahr später wurde mir noch eine besondere Ehre zuteil. Als erster ausländischer Künstler bekam ich einen eigenen Showblock im einzigartigen Revuetheater „Tropicana" in Havanna. Und zwar in einer Sendung, die für das deutsche Fernsehen produziert wurde und „The Girls from Tropicana" hieß. Ich moderierte und sang. Der Club „Tropicana" ist die berühmteste Freiluftrevue der Welt. Um die wunderschönen Tänzerinnen in ihren farbenfrohen Kostümen zu sehen, zahlen viele Leute ein kleines Vermögen.

Dann zeigte die *ARD* 2002 „Roberto Blanco – wo meine Sonne scheint". Der Anlass war mein 65. Geburtstag. Es war eine Reportage über die Musik, die Menschen und das Leben auf Kuba. Ich sang auch ein paar Lieder – und ich hatte Nicole, den deutschen Schlagerstar, und Marlène Charell zu Gast. Wir drehten in Havanna, Santiago de Cuba, Trinidad und natürlich in Cienfuegos. „Cienfuegos, yo a ti te llevo metido en mi corazón" sang einst Ibrahím Ferrer vom unvergesslichen Buena Vista Social Club. „Cienfuegos, ich trage dich in meinem Herzen." Genauso fühle ich auch. Ich hatte übrigens die große Ehre, den Mitgliedern des Buena Vista Social Club einen Echo zu übergeben, ich habe auch die Laudatio auf sie gehalten. Das war in Hamburg. Ich habe die Gruppe oft spielen gehört, wir hatten ein herzliches Verhältnis. Leider sind fast alle Mitglieder der Band heute tot. Nur die Sängerin Omara Portuondo lebt noch, zur ihr habe ich bis jetzt Kontakt und wir freuen uns beide immer, wenn wir uns sehen.

Seid großzügig –
aber nicht zu großzügig,
wie ich es war

10

Ich muss zugeben: Ich habe ein Faible für schöne Dinge. Und die sind leider oft teuer. Ich liebe es, mich mit Sachen zu umgeben, die eine gute Qualität haben oder hübsch anzusehen sind: elegante Kleidung, hochwertige Möbel, edle Restaurants, luxuriöse Hotels, exquisite Weine, tolle Autos. Dafür habe ich immer viel Geld ausgegeben. Mein allererstes Auto war ein Studebaker in Rot und Schwarz, den fuhr ich in Wiesbaden. Studebaker war in den 50er-Jahren eine echte Kultmarke. Was kaum einer wusste: Das US-Unternehmen hatte seine Wurzeln in Solingen. Von dort aus wanderte die Familie Staudenbecker nach Amerika aus. Später nannten sie sich Studebaker und bauten erst Kutschen und nachher Automobile. In den 20er-Jahren gehörte die Studebaker Company zu den größten Autoproduzenten der USA und fertigte Wagen mit Namen wie „President" oder „Dictator", später hießen sie „Starlight" oder „Champion". Studebakers Modelle waren außergewöhnlich und etwas futuristisch designt und fielen überall auf. Wenn ich mit meinem Studebaker in Rot und Schwarz durch die Straßen von Wiesbaden brauste, guckten alle.

Anfang der 60er-Jahre bin ich mit ihm auch oft nach Spanien gefahren, um meine Freunde dort zu besuchen. Irgendwann habe ich mich von ihm getrennt und mein erstes Mercedes Cabriolet gekauft: War ich stolz auf diesen Wagen!

Ein 280 SE in Weiß mit roten Polstern, wie fast alle meine Autos, die ich später besaß. Das letzte Cabrio, das ich hatte, hatte allerdings eine rötliche Karosserie und weiße Polster, also umgekehrt zum eigentlichen Muster. Heute besitze ich einen Audi, einen Q7.

Ich war all die Jahre immer viel mit dem Auto unterwegs. Wenn ich auf Tournee ging, fuhr ich weit über 100.000 Kilometer im Jahr. Ich sitze gerne am Steuer, das macht mir Spaß. Nur ganz selten hatte ich wie einige Kollegen einen Chauffeur. Mein rechter Sitz war allerdings selten leer …

Natürlich bin ich viel mit Mireille und den Kindern gereist. Ich wollte, dass sie die Welt sehen, so wie ich die Welt schon als Kind gesehen hatte. Mein Vater hat mich diesbezüglich sehr geprägt, er hat mir ja schon in ganz jungen Jahren ermöglicht, beeindruckende Orte auf verschiedenen Kontinenten zu besuchen und bemerkenswerte Menschen aus allen möglichen Kulturen zu treffen. Und er stieg gerne in besonders schönen Hotels ab.

Mit meiner Familie bin ich fast jede Ferien an einen tollen Ort gefahren, wir waren wirklich überall. In Italien natürlich, da haben wir ganz klassisch Urlaub gemacht in Rimini, Riccione und Rom – ich wollte Mireille, Mercedes und Patricia unbedingt Rom zeigen, weil das für mich eine einzigartige Stadt ist. Einmal haben wir eine Safari in Kenia gebucht. Es hat uns alle tief bewegt, als wir Elefanten, Giraffen und Löwen in freier Wildbahn erlebten. Wir sind nach Portugal gefahren, an den Strand. Aber die Kinder hatten, glaube ich, auf den

Reisen durch die USA ihren größten Spaß. Auf Hawaii, in New York, in Los Angeles, in San Francisco, im Disneyland und natürlich in Las Vegas.

❧

Ich liebe Las Vegas. Es war mein ganz großer Traum, dort einmal aufzutreten. Bis jetzt ist er noch nicht in Erfüllung gegangen. Dafür blicke ich mit großem Stolz auf zwei Kollegen aus Deutschland, die es in Las Vegas geschafft haben: Siegfried und Roy, die berühmten Zauberer und Dompteure, die durch ihre Auftritte mit weißen Löwen und Tigern weltbekannt wurden. Ihre Show im Hotel Mirage galt bis Ende 2003 als meistbesuchte der Stadt.

Die beiden hatten ganz am Anfang ihrer Karriere auf verschiedenen Kreuzfahrtschiffen als Stewards gearbeitet, auf der MS Bremen lernten sie sich dann kennen. Erst unterhielten sie die Gäste nebenbei mit Zaubertricks, später beschlossen sie, eine gemeinsame Show auf die Beine zu stellen. Wichtiger Part dieser Show war Roys Gepard Chico. Die Kombination aus Raubkatze und Magie war genial. Bald gingen sie auf Europatournee, wir sind oft bei Galas zusammen aufgetreten. Ich erinnere mich noch an eine in Berlin, da hatten sie auch ein Tigerbaby dabei. Immer wenn wir uns trafen, verbrachten wir eine lustige Zeit miteinander, die beiden waren besonders nette Kollegen.

Nach ein paar Jahren gingen sie nach Amerika, nach Las Vegas. Dort traten sie zuerst in einer Revue im Hotel Stardust auf, die spektakuläre Zauberei und die exotischen Tiere zogen die Amerikaner sofort in ihren Bann. So etwas gab es selbst im verrückten Las Vegas noch nicht. 1988 unterschrieben die beiden Zauberer im Hotel Mirage einen 5-Jahres-Vertrag, der ihnen eine Summe von 57,5 Millionen US-Dollar garantierte, das war damals der höchstdotierte Vertrag in der Geschichte des Live-Entertainments. Der „King of Pop" Michael Jackson komponierte und sang eigens für ihre Show den Song „Mind is the Magic". Nach einem schlimmen Zwischenfall an seinem 59. Geburtstag im Oktober 2003 kämpfte Roy wochenlang ums Überleben. Sein Lieblings-Tiger Montecore hatte ihn während der Aufführung am Hals gepackt und von der Bühne geschleift. Das war das Ende der Show im Mirage. Heute leben die beiden nach wie vor in Las Vegas. Ich habe sie immer gerne besucht.

Einmal saß ich in der Loge, die Siegfried und Roy im Theater des Hotel Mirage für Freunde reserviert hatten. Der Abend war ausverkauft. Als es ganz still war, nahm einer von beiden, ich weiß nicht mehr wer, das Mikrofon und wandte sich ans Publikum: „Ihr habt vielleicht euren Sammy Davis, Jr., aber wir haben unseren Roberto Blanco." Sie machten ein Zeichen in meine Richtung, ich musste aufstehen und es gab Standing Ovations. Danach sollte ich zu ihnen in die Garderobe kommen. Die Magier wollten unbedingt, dass ich mich mit einem ihrer Tiger fotografieren lasse. Aber jedes Mal, wenn ich in die Nähe des Tieres kam, begann er richtig gefährlich zu knurren und seine großen weißen Zähne zu zeigen. Mir wurde ziemlich mulmig. Vielleicht hat ihm mein Parfum nicht gefallen. Es gab dann jedenfalls ein Bild von uns dreien. Der Tiger saß allerdings neben Roy.

Las Vegas, diese flirrende, legendenumwobene Hauptstadt des Glücksspiels und des Entertainments im US-Staat Nevada, hat einen festen Platz in meinem Herzen. Als zwei meiner Musiker ihr fünfjähriges Jubiläum mit mir hatten, habe ich sie und ihre Ehefrauen dorthin eingeladen, für vier Tage. Wir haben Tom Jones gesehen, er hatte damals seine ganz große Zeit. Und wir waren bei einer Show von Frank Sinatra. War der beeindruckend! Sinatra war ein wahrer Showman! So jemanden habe ich nie wieder auf der Bühne erlebt. Dann sind wir über New York zurückgeflogen und haben dort im wunderbaren Hotel Waldorf Astoria an der Park Avenue gewohnt. Ich glaube, es hat allen gefallen. Wenn ich jemanden einlade, ist es mir egal, ob ich hinterher ein Danke bekomme oder nicht. Mir reicht das Gefühl, dass diejenigen sich ihr ganzes Leben an mich und diese schönen Erfahrungen erinnern werden.

❧

Das hatte ich auch bei meiner Familie gehofft. Gerade weil ich unter dem Jahr so viel unterwegs sein musste, versuchte ich, das mit gemeinsamen Reisen etwas auszugleichen und mit Mireille und den Kindern eine großartige Zeit zu verbringen. Ich wollte ihnen etwas ganz Besonderes bieten, sie sollten Schätze fürs Leben sammeln, Sachen erleben, von denen sie noch Jahre zehren konnten.

Wir sind meistens First Class geflogen, haben in den besten Hotels gewohnt und in den köstlichsten Restaurants gegessen. Im Nachhinein betrachtet war das wahrscheinlich nicht so gut. Wenn manche Kinder zu sehr verwöhnt werden und im Luxus aufwachsen, achten sie den Wert der Dinge nicht mehr. Alles wird selbstverständlich und sie entwickeln eine gewisse Anspruchshaltung. Sie wissen dann Großzügigkeit gar nicht mehr zu schätzen. Und sie sehen auch nicht, wie hart der Mensch, der ihnen das ermöglicht, dafür gearbeitet hat. Und wenn er dann irgendwann nicht mehr „liefert" und will, dass die Kinder mehr Eigenverantwortung übernehmen oder gar selber für sich sorgen, dann wird über ihn der Stab gebrochen. Das ist mir passiert.

Mir lag allerdings am meisten am Herzen, dass Mireille sich auf unseren Reisen erholte. Sie hatte es manchmal nicht leicht. Sie hielt die Familie zusammen und musste die Herausforderungen und Probleme zu Hause lösen, während ich irgendwo in der Republik auf der Bühne stand, im Studio neue Lieder aufnahm oder für eine Gala um die halbe Welt flog. Sie war nie eifersüchtig oder hat mir Vorwürfe gemacht, weil ich so selten daheim war.

Als Patricia in die Pubertät kam, nahmen die Schwierigkeiten zu. Wenn ich hörte, dass meine Tochter mal wieder die Schule geschwänzt hatte und ihre Vormittage lieber in Michael Graeters „Café Extrablatt" verbrachte als im Klassenzimmer, habe ich sie angerufen und ordentlich am Telefon geschimpft. Trotzdem, die alltäglichen Konflikte blieben an Mireille hängen. Sie hat mit ihrer leisen, klugen Art vieles ausgeglichen. Als es mit Patricia an ihrer Münchner Schule überhaupt nicht mehr funktionierte, habe ich sie auf einem Internat angemeldet. Doch nach sechs Monaten rief mich der Schuleiter an: „Lieber Herr Blanco, bitte holen Sie Ihre Tochter ab. Sie schmeißen Ihr Geld zum Fenster hinaus! Patricia will nicht lernen und schwänzt die ganze Zeit!" Also holte ich sie wieder zurück nach München.

Und dann ihre Job-Odyssee! Erst wollte sie Sängerin werden, also habe ich ihr 25 Stunden Gesangsunterricht bezahlt. Nach der dritten Woche meldete sich ihre Lehrerin bei mir: „Herr Blanco, Sie haben mir für diese 25 Stunden schon Geld gegeben – aber Ihre Tochter kommt nie hierher! Bitte besprechen Sie das mit ihr." Dann habe ich eine andere Lehrerin gesucht und zu der gesagt: „Ich zahle nur, wenn Patricia tatsächlich anwesend ist." Ein paar Mal war sie dort, dann – natürlich – nicht mehr.

Da hätte ich Schluss machen sollen. Einfach nichts mehr für sie organisieren oder dafür aufkommen, das war nicht gut für meine Tochter. Sie verließ sich darauf, dass ihr der Papa oder sonst irgendjemand schon helfen würde, in allen Lebenslagen. Deshalb hat sie auch vieles abgebrochen. Wenn man sich selber etwas erkämpft, dann überlegt man dreimal, ob man das so einfach hinschmeißt. Aber wenn einem jemand anderes einen Job auf dem Silbertablett serviert, ist es ganz leicht, den gleich wieder aufzugeben, wenn er zu anstrengend oder zu nervig wird.

Je früher Patricia gelernt hätte, für ihr eigenes Glück zu sorgen, desto besser wäre das für sie gewesen. Ich habe zum Beispiel organisiert, dass sie in einer meiner Shows auf Kuba auftreten konnte, sie hat dort gesungen. Dann sollte ich mit ihr an einer Show des *MDR* teilnehmen, Väter und Töchter sollten gemeinsam vor der Kamera stehen. „Und was soll ich da machen?", fragte sie mich. „Zusammen mit mir singen", erklärte ich ihr. „Ach nein, darauf habe ich keine Lust", fertigte sie mich ab. Sie besaß zu diesem Zeitpunkt kein Geld und hätte aber für ihren Auftritt 1.000 D-Mark bekommen. Ich war über ihr Verhalten sehr verärgert.

Später hat sie dann versucht, sich selber bei Ebay zu versteigern. Der Höchstbietende sollte einen Auftritt mit fünf Songs plus Zugabe von ihr bekommen. Das ist doch auch keine normale Art, Geld zu verdienen, oder?

Wie oft ich für Kautionen für ihre diversen Wohnungen aufgekommen bin … das kriege ich gar nicht mehr zusammen. Einmal hat sie ein Jahr lang die Miete nicht bezahlt. Bis der Vermieter mich anrief: „Herr Blanco, Ihre Tochter schuldet uns ein Jahr Miete. Können Sie das übernehmen?" Ich erwiderte: „Tut mir leid. Ich habe die Kaution gezalt, aber ein Jahr Miete werde ich nicht übernehmen."

Später habe ich aus der Zeitung erfahren, ich müsse ein schlechtes Gewissen haben wegen Patricia. Ich hätte mich nicht genug um sie gekümmert. Das habe ich nicht verstanden. Wieso sollte ich ein schlechtes Gewissen haben wegen einer Tochter, die schon in der Schule nie lernen wollte und die nie Verantwortung für ihr Leben übernommen hat? Ich habe kein schlechtes Gewissen, keine Sekunde.

Und ehrlicherweise: Ich bereue auch nicht, dass ich diese außergewöhnlichen und luxuriösen Reisen mit meinen Kindern und Mireille unternommen habe. Ja, sie waren teuer und heute scheint sich niemand aus meiner Familie mehr an diese guten Zeiten zu erinnern. Aber die gab es und wir hatten eine tolle Zeit. Ich will mich darüber nicht mehr ärgern. Ärger vergiftet die Gedanken und ich möchte meine verbleibende Zeit genießen. Mit meiner Frau Luzandra, meinen Freunden und all den Dingen, die mir Spaß und das Leben wertvoll machen.

※

Ich bin zum Beispiel ein „Weinschmecker", mit guten Tropfen kenne ich mich aus. Deswegen bekam ich schon 1972 eine ganz besondere Auszeichnung. Ich wurde in Frankreich, im Burgund, zum „Chevalier du Tastevin" geschlagen, das heißt übersetzt so etwas wie „Ritter der Weinverkostung". Seitdem bin ich Mitglied dieser exklusiven Bruderschaft, die es sich zur Aufgabe gemacht hat, den vortrefflichen Burgunderwein und die Gastlichkeit zu fördern, zu genießen und die Traditionen zu bewahren. Von Wiesbaden aus bin ich nämlich oft nach Frankreich rübergefahren und habe dort eingekauft. Die Franzosen waren ganz beeindruckt: „Herr Blanco, woher kennen Sie sich denn so gut aus?" Ich bin nie nach dem Preis gegangen, ein anständiger Wein kostet auch etwas, aber es gibt tolle Flaschen zu sehr vernünftigen Preisen.

Die Inthronisierung zum Chevalier werde ich nie vergessen. Schon das Ambiente war atemberaubend, denn die feierliche Zeremonie fand im Château du Clos de Vougeot statt, einem beeindruckenden Renaissanceschloss zwischen Beaune und Dijon, Sitz der „Confrérie des Chevaliers du Tastevin" und Wahrzeichen und Seele von Burgund. Auf den angrenzenden Weinbergen wachsen einige der größten Pinot noirs der Welt. Ich war fasziniert vom riesigen, uralten Weinkeller aus dem 12. Jahrhundert, im dem über 2.000 Fässer Platz haben, und von der Kelterhalle mit den vier gigantischen Weinpressen. Alle Steine, Hölzer, Kacheln und Ritzen der Gebäude schienen ein Stück Weingeschichte zu erzählen.

Der ehrwürdige Zeremonienmeister des großen Rates erteilt jedem neuen Mitglied den Ritterschlag mit den Worten: „Im Namen von Noah, Vater der Rebe, im Namen von Bacchus, Gott des Weines, und im Namen von St. Vincent, Herr der Winzer, schlage ich Sie zum Ritter du Tastevin!" Das war wirklich toll! Ich kriege heute noch eine Gänsehaut, wenn ich daran denke. Dann bekam man den „Tastevin" umgehängt, einen alten silbernen Weinbecher an einem rot-gelben Band. Ich habe ihn natürlich aufgehoben.

Die Leidenschaft für Weine begleitet mich bis heute – überall, wo ich hinreise, besuche ich die Weingüter und Weinkellereien der Gegend. Das ist für mich das Schönste!

⁂

Wenn ich einmal von der Qualität einer bestimmten Marke überzeugt bin, bleibe ich ihr treu. Das betrifft zum Beispiel meine Koffer. Seit über 40 Jahren besitze ich diverse Reisegepäckstücke aus Tweed von der US-Firma Hartmann. Sie sind wirklich wunderschön und besonders gut verarbeitet. Die Koffer sind älter als meine Frau Luzandra, das muss man sich mal vorstellen. Es hat aber auch einen praktischen Grund, warum ich mit diesen Koffern gerne unterwegs bin. Am Gepäckband bin ich der einzige, der auf so etwas wartet. Ich erkenne sie sofort! Alle anderen Gepäckstücke sind sich ähnlich. Ich weiß niemanden außer mir, der solche Tweedkoffer hat, bis auf die Schauspielerin Angela Lansbury, in ihrer Kultserie „Mord ist ihr Hobby" hat sie auch Hartmann-Koffer dabei.

Es gibt Menschen, die kaufen sich immer etwas Neues, je nachdem, wie die Zeiten sich ändern. Zu denen gehöre ich ganz sicher nicht. Auch mein Eau de Cologne – „Habit Rouge" von Guerlain – verwende ich seit Jahren. Es passt zu mir. Wie auch „Pour un Homme" von Caron.

⁂

Ich bin heute viel bescheidener geworden. Das liegt auch an Luzandra. Durch sie habe ich vieles gelernt: dass eine Nacht in einem Zelt unter freiem Himmel so viel wertvoller ist als die teuerste Suite im 5-Sterne-Hotel – wenn man nur den richtigen Menschen an seiner Seite hat.

Ich will damit nicht sagen, dass ich gerne zelte. Aber für mich haben heute die einfachen Sachen wie ein Spaziergang am See, Luzandras Hand in meiner und der Blick in die Schweizer oder österreichischen Berge mehr Wert.

Wenn du Erfolg hast,
hast du viele Jubelperser,
fällst du hin,
sind sie weg

Ich bin ein Optimist. Das Glas ist für mich immer halbvoll und nicht halbleer. Ich habe nie zu den Menschen gehört, die ständig jammern und anderen die Schuld zuschieben, wenn in meinem Leben mal etwas nicht so geklappt hat, wie ich es mir vorstellte. Ich bin keiner, der schimpft, dass die Sterne schlecht stehen oder dass mich Gott und die Welt mies behandeln. Aber diese eine Sache hat mich fast meinen Glauben an die Menschheit gekostet. Das war soooo schlimm! Schlimm ist gar nicht der richtige Ausdruck. Furchtbar. Entsetzlich. Hanebüchene Anschuldigungen, die erstunken und erlogen waren, wurden gegen mich erhoben. Die haben mich bis ins Mark getroffen, aber ich stand darüber, weil ich mich nicht schuldig fühlte.

Im Jahr 1990 startete die „Mini Playback Show" auf *RTL*, in der Kinder ihre Pop-Idole im Fernsehen imitierten. Verkleidet als Michael Jackson, Paula Abdul oder Whitney Houston führten sie ausgewählte Hits als Playback auf der Bühne vor. Die Sendung wurde von der Holländerin Marijke Amado moderiert und entwickelte sich schnell zum Quotenrenner. Ich saß mit den Schauspielern Heidi Brühl und Hansi Kraus in der Jury, wir verstanden uns sehr gut. Wir drehten in Amsterdam, in den Studios von John de Mol. Unsere Aufgabe war es, die kleinen Kandidaten ordentlich zu loben und zu motivieren – man kann ja Kinder, die so mutig sind und sich vor die Kamera stellen, nicht auch noch niedermachen. Alle sollten am Ende als Gewinner dastehen. Von Anfang an hatten jedoch Politiker gegen die Show gewettert. Ulla Schmidt, damals noch Bundestagsabgeordnete und später Bundesgesundheitsministerin, forderte sogar ein Verbot der Sendung, angeblich würde man die Zuschauer dazu animieren, „in Kindern Sexualobjekte zu sehen".

⁂

Und plötzlich, eines Morgens, rief mich jemand an. „Roberto, hast du schon die Zeitung gelesen?" „Nein, warum?" „Schnell, hol sie dir." Eine riesige Schlagzeile sprang mir entgegen: Ist Roberto Blanco pädophil? Irgendein Mensch hat anonym behauptet, ich hätte kleine Kinder in meine Garderobe gelockt, um sie anzufassen. Mir wurde kotzübelschlecht, ich hatte das Gefühl, mein Herz bleibt stehen. Pädophil? Ich? Was für eine ungeheuerliche Behauptung! Wer hatte bloß so eine perfide Verleumdung in die Welt gesetzt? Das war Rufmord der niederträchtigsten Art!

Die Tage, die daraufhin folgten, zählten zu den schwärzesten meines Lebens. Sie fegten wie ein Orkan über mich hinweg. Jeden Morgen stand etwas anderes Übles über mich in der Zeitung. Wenn ein Journalist etwas behauptet, schreiben ja alle anderen auch gleich eine Geschichte zu diesem Thema, egal, ob es der Wahrheit entspricht oder nicht! Der arme Hansi Kraus wurde ständig von der Presse angerufen und genötigt: „Sie müssen doch was gesehen haben! Sie müssen doch mitbekommen haben, was Roberto getan hat!" Die haben ihn richtig terrorisiert! Erst als er mit einem Anwalt gedroht hat, haben sie ihn in Ruhe gelassen.

142

Andere Menschen hätten sich wegen solcher verheerenden falschen Anschuldigungen umgebracht. So etwas kann eine Existenz vernichten. Nächtelang lag ich wach und grübelte: Womit hatte ich das verdient? Wer wollte mich kaputt machen? Ich bin kaum noch auf die Straße gegangen. Das war mein absoluter Tiefpunkt. Aber ich habe auch im schlimmsten Augenblick immer daran geglaubt, dass die Wahrheit irgendwann ans Tageslicht kommt.

Was mir unheimlich viel Mut machte in dieser Zeit, war, dass mein Publikum den gemeinen Anschuldigungen nicht geglaubt und zu mir gehalten hat. Tja, das hatten die Menschen, die versuchten, mich und meinen Ruf so böswillig zu zerstören, wohl nicht bedacht: Meine Fans kannten mich nämlich schon seit vielen Jahren, sie sind mit mir erwachsen geworden. Beim ersten Date, beim ersten Kuss und bei der ersten Hochzeit – und hoffentlich auch bei der zweiten – lief meine Musik im Hintergrund, sie tanzten, feierten, flirteten oder schmusten zu meinen Liedern. Sie schätzen mich bis heute, ich kann mich auf sie verlassen. Wir haben Vertrauen zueinander. Keiner hat den Vorwürfen Glauben geschenkt und mich in dieser Situation fallen lassen. Das war mein größter Trost. Daraus habe ich Energie geschöpft.

Und ich danke heute noch Gott, meiner Mutter und meinem Vater im Himmel: Sie haben mir die Kraft gegeben, diese schreckliche Zeit durchzustehen. Sie haben mir die Kraft gegeben, so vieles im Leben durchzustehen.

Dann hat mich Alfred Biolek auch sehr unterstützt und mich in eine seiner Sendungen eingeladen, um über die ungeheuerlichen Vorwürfe zu sprechen und damit aufzuräumen. Schon im Taxi vom Flughafen zur Sendung von Bio sagte der

Taxifahrer zu mir: „Dass Sie das gesamte Tutti-Frutti-Ballett vernascht haben, das hätte ich geglaubt, ehrlich! Aber pädophil? Niemals! Wer will Sie da fertigmachen?"

Ich habe den Prozess gegen die Zeitschrift, die das behauptet hat, später gewonnen und 50.000 Mark Schadenersatz bekommen. Derjenige, der angeblich gesehen hat, dass Kinder bei mir in der Garderobe waren, ist abgetaucht und war nicht mehr aufzufinden. Das ist doch wirklich ungeheuerlich. Da druckt ein Blatt infame Lügen! Und dann ist der „Kronzeuge" noch nicht einmal aufzutreiben …

In diesen Wochen merkte ich einmal mehr, wer meine wahren Freunde waren. Denn die meisten sind ja schnell weg, wenn es Schwierigkeiten gibt. Die, die gestern noch grinsend an deinem Tisch saßen und auf deine Kosten Champagner geschlürft haben, befinden sich bei Negativschlagzeilen in der Regel im Spontanurlaub auf Mallorca. Oder in den Bergen, natürlich ohne Handyempfang. Und wenn sie doch einer von den Reportern aufstöbert und nach dem engen Verhältnis zu dir befragt, dann ist aus der lieben, lebenslangen Freundschaft, die man gestern noch feuchtfröhlich beschworen hat, eine im besten Fall lose Bekanntschaft geworden.

Doch ich habe meinen Kopf in solchen Momenten nie in den Sand gesteckt. Wenn du das machst, bist du verloren. Es ist zwar auf den ersten Blick ein gesunder Abwehrmechanismus, um die eigene Seele zu schützen, aber man sollte, wenn man sich nichts zu Schulden kommen lassen hat, Vertrauen in sich selber und ins Schicksal haben, dass sich die Situation zum Guten wenden wird. Und das tut sie dann auch.

Natürlich habe ich manchmal im Leben Pech gehabt oder dumme Entscheidungen getroffen. Und ich habe mich ein paarmal furchtbar geärgert, als ich durch eine falsche Investition oder Umstände, die ich nicht beeinflussen konnte, Geld verloren habe. Oder wenn meine Karriere nicht so lief, wie ich es mir vorgestellt hatte.

Ich habe zum Beispiel eine CD auf Spanisch aufgenommen, sie hieß „Por tu Amor", dafür arbeitete ich mit verschiedenen südamerikanischen Musikern zusammen. Das machte mir unglaublich viel Spaß. Und ich hatte damit sogar Erfolg in Amerika! Meine Songs liefen in Miami im Radio rauf und runter, die CD schaffte es in den Hitparaden dort auf Platz 6. Was für ein Erfolg! Ich war sehr stolz.

Viele Medien wollten ein Interview mit mir führen und Fotos machen, die Leute waren begeistert von meiner Musik, meiner Stimme und meiner Art, zu singen. Ich flog einmal zurück nach München und bereitete mich dort auf einen längeren Aufenthalt in Miami vor: Ich sollte in verschiedenen Fernsehsendungen in Florida auftreten. Und dann noch für eine neue CD ins Studio: Nat King Cole, der berühmte Jazzpianist und Sänger, hatte eine CD auf Spanisch mit spanischen Liedern aufgenommen.

Die Idee war, dass ich die amerikanischen Lieder von Nat King Cole auf Spanisch singe. Meine Stimme sei dafür perfekt. Wow, was war das für eine Ehre! Ich war begeistert. Darauf hatte ich riesige Lust. Doch plötzlich, von einem Tag auf den anderen, hörte ich nichts mehr aus Miami. Keiner war mehr am Telefon zu erreichen, keiner rief mich zurück. Es schien, als ob alle meine Kontaktpersonen dort von einer

Sekunde auf die andere gemeinsam verschwunden waren. Was war bloß los? Ich verstand die Welt nicht mehr.

❧

Eines Tages rief mich ein Bekannter an. Er fragte mich: „Roberto, wie lange bleibst du noch hier in München?" Ich antwortete: „Ich weiß es nicht, ich muss noch warten, bis ich etwas wegen der CD oder der TV-Auftritte in Miami weiß." Er schien irritiert und sagte: „Ich habe gehört, du bist auf der schwarzen Liste, weil du im ‚Tropicana' gesungen hast, in Havanna."

Da fiel bei mir der Groschen. Das war also der Grund, warum meine ganzen Verbindungen gekappt waren. Ich wurde boykottiert, weil ich auf Kuba aufgetreten war. Die Exil-Kubaner in Florida hatten dafür gesorgt. Sie hassten das Castro-Regime und jeden, der sich ihm in ihren Augen nur einen Zentimeter annäherte. Sie hatten damals großen Einfluss auf das politische und gesellschaftliche Leben in Miami und auch auf die Kunst- und Kulturszene. Das war das Ende meines musikalischen Engagements in den USA. Was besonders ärgerlich war: Um aus dem Vertrag mit der Plattenfirma wieder rauszukommen, musste ich sogar noch 5.000 Dollar zahlen. Und das, obwohl ich für dieses Debakel nichts konnte. Zum zweiten Mal in meiner Karriere war ich auf einer schwarzen Liste gelandet. Und beide Male hatte es irgendwie mit Kuba zu tun. Erst in der ehemaligen DDR, wo ich ein Auftrittsverbot bekam, weil ich meinen kubanischen Pass für den deutschen abgegeben hatte. Und jetzt in Miami, weil ich auf Kuba gesungen hatte.

❧

Diese 5.000 Dollar waren allerdings Peanuts im Vergleich zu dem, was ich bei Investitionen in Immobilien verloren habe. Ich will das jetzt nicht beziffern, aber irgendjemand hatte mich dazu überredet, in Hotels in der Türkei zu investieren und in Wohnungen in Berlin. Ich habe demjenigen vertraut. Er hat mir damals plausibel erklärt und dargelegt, warum das bombensichere Anlagen seien. Leider kannte ich mich selber damit gar nicht aus. Ich bin Entertainer und kein Roboter oder Banker. Das mit den sicheren Anlagen stimmte leider nicht und das Geld war futsch. Ich kann nicht gut mit Geld umgehen. Meine Frau Luzandra ist da viel besser als ich. Sie weiß genau, wo es sich lohnt, mal einen Euro mehr zu investieren. Und wo man besser gar kein Geld lässt. Ich vertraue ihr sehr.

Gefühle wie die große Einsamkeit in anonymen Hotelzimmern, jede Nacht in einer anderen Stadt, ewiges Zweifeln oder Depressionen und Zukunftsangst sind mir fremd. Ich bin ein kraftvoller, fröhlicher Mensch. Die Erfahrungen der letzten 80 Jahre haben mich stark gemacht. Durch die dunkelsten Minuten meines Lebens musste ich immer alleine gehen. Aber das muss jeder. Bei Schicksalsschlägen, da kann dir keiner helfen. Gut, deine Familie, deine Freunde, Menschen, denen du am Herzen liegst, die werden da sein und dich in den Arm nehmen. Aber die Trauer, den Schmerz über den entsetzlichen, endgültigen Verlust eines geliebten Menschen, den nimmt dir keiner ab. Damit musst du selbst fertigwerden. Das habe ich beim Tod meines Vaters durchlebt. Er ist 1989, also vor 28 Jahren, gestorben. Und ich denke heute noch jeden Tag an ihn.

Papa hatte sehr stark Diabetes. Als ich ihn das letzte Mal im Krankenhaus besuchte, saß ich etwa vier Stunden an seinem Bett. Er hatte einen Zuckerschock und war in einer wirklich schlechten Verfassung. Mal erkannte er mich, mal dämmerte er weg und wusste nicht mehr, wo er war und wer ich war. Es tat mir in der Seele weh, ihn so zu sehen. Ich hielt Papas Hand und dachte an unsere gemeinsamen Zeiten zurück, an all die kostbaren Momente, die wir zusammen erlebt hatten, an die wunderbaren Dinge, die mir mein Vater ermöglicht hatte: die tollen Schulen, die Wahnsinnsreisen, der Papst-Besuch … und so vieles mehr. Und natürlich die Liebe, die er mir jeden Tag bis zum damaligen schenkte, und das Gefühl, dass er unglaublich stolz auf mich war. Der liebe Gott hat es sehr gut mit mir gemeint, als er Don Alfonso Zerquera als meinen Vater aussuchte.

Ich erinnerte mich an den Spaß, den wir oft hatten, die Lebensfreude, die er mir vermittelt, und die Ratschläge, die er mir gegeben hatte. Tränen liefen mir übers Gesicht und urplötzlich fiel mir mein erstes Fahrrad ein, das ich von meinem Vater in Istanbul bekommen hatte. Ich war sieben Jahre alt und wir waren mit dem Schlafwagen von Beirut über Homs und Aleppo an den Bosporus gefahren. Was war das für eine märchenhafte Reise gewesen in einem Zug mit schweren Orientteppichen, weißer Tischwäsche, handbestickten Bettbezügen und silbernem Besteck. Das war einmalig. Ich streichelte die Wangen meines Vaters und flüsterte ihm, als ich ging, zu, dass ich bald wiederkommen würde.

Ein paar Tage später hatte ich einen Auftritt in Hannover und jemand brachte mir ein Telegramm in meine Garderobe. Es gibt ein ungeschriebenes Gesetz, das jeder Entertainer eigentlich beachtet: Du darfst nie vor einer Aufführung ein Telegramm öffnen oder Nachrichten in Empfang nehmen. Denn das könnte dich völlig aus dem Konzept bringen und deine Performance maßgeblich beeinflussen. Ich war gleich dran, war mit den Gedanken bei den Songs, die ich singen würde, und öffnete, ohne zu überlegen, das Siegel des Telegramms. Und da stand in kalten, nüchternen Buchstaben: Roberto, dein Vater ist gestorben.

Während ich völlig versteinert in meiner Garderobe stand, hörte ich aus weiter Ferne, wie ich aufgerufen wurde. Das Publikum wartete auf mich. Und noch einmal hörte ich meinen Namen. „Roberto, was ist? Du musst los!" Ich bekreuzigte mich, blickte in den Himmel zu meinem Vater und meiner Mutter und ging auf die Bühne. Ich kann mich nicht mehr daran erinnern, was ich gesungen habe. Aber dass ich eine perfekte Show abgeliefert habe. Nicht nur für mein Publikum, sondern für meinen Vater. Ich habe an diesem Abend alleine für Don Alfonso Zerquera, den großartigsten Vater, den sich ein Mensch wünschen kann, gesungen. Und ich bin mir sicher, er hat zugehört.

Nachher, in der Garderobe, habe ich bitterlich geweint. Meine Musiker fragten mich, was los sei, und ich konnte kaum noch sprechen. Dieser Verlust brach mir das Herz. Mein Vater war mein liebster Freund, mein Vorbild und Idol und auch mein Lehrer gewesen. Es dauerte sehr lange, bis ich mich daran gewöhnt hatte, dass Papa nicht mehr hier war. Trauer ist ein langer, schmerzhafter Weg. Den muss man selber gehen.

Die innige Nähe zu meinem Vater ist mir bis heute geblieben. Oft führe ich noch Zwiegespräche mit ihm, bei ganz vielen Dingen überlege ich: Was hätte Papa wohl jetzt gemacht?

Ich denke, er hätte auch verstanden, dass ich bei seiner Beerdigung in Barcelona nicht dabei sein konnte. Die Termine meiner Tournee waren schon seit langer Zeit festgelegt und unter keinen Umständen war es möglich, diese kurzfristig abzusagen. Ich habe mich ganz allein von ihm verabschiedet.

Meine Mutter ist im Libanon begraben, in Beirut, und der beste Freund meiner Eltern, mein Nennonkel, der mit meinen Eltern früher in Cienfuegos aufgetreten ist, auch. Weil die drei für mich irgendwie zusammengehören, auch wenn sich ihre Wege vor langer Zeit getrennt haben, habe ich auf die Grabtafel meines Vaters auch den Namen meiner Mutter und den meines Nennonkels eingravieren lassen. Vielleicht legen sie jetzt im Himmel einen Stepptanz hin und machen dort ordentlich Stimmung.

Freunde kann man sich aussuchen – die Familie nicht

12

M ireille wusste von der Minute an, in der wir uns kennenlernten, dass ich kein Heiliger bin. Und auch nicht der Treueste. Sie hat sich trotzdem in mich verliebt und als wir heirateten, kannte sie mich schon eine ganze Zeit. Vieles hat sie mir verziehen in den langen Jahren, die wir zusammen waren, weil sie wusste, dass ich sie sehr liebe. Sie hat mir nie hinterherspioniert, nie nach Lippenstiftspuren bei mir gesucht oder Termine und Reisen hinterfragt. Das war nicht nötig. Ich hätte Mireille nie verlassen. Mein Zuhause mit ihr und meinen Töchtern war mein Hafen und mein Heim. Ich hing sehr an meinen drei Frauen und wollte sie nie bewusst verletzen. Denn ich bin kein Mensch, der anderen mit Absicht wehtut.

Diese Geschichten über unzählige Frauen, die, wenn ich mal wieder für einen meiner Auftritte unterwegs oder auf Tournee war, nachts an meiner Hotelzimmertür geklopft haben, sind totaler Unfug. Klar ist das ein paarmal passiert, aber ich habe nicht aufgemacht.

Ich habe stets gesagt, ich nenne keine Namen. Es geht doch niemanden etwas an, mit wem ich zusammen war. Weder vor meiner Ehe noch danach. Einige der Frauen sind heute verheiratet, ich sehe sie manchmal auf Veranstaltungen. Und der Mann weiß nichts davon, obwohl das weit vor deren

Ehe war. Ich will niemanden in eine komische Situation bringen. Ich möchte über niemanden sprechen. Mein Leben ist jetzt Luzandra.

⁂

Als mein Sohn Robin sich im Jahr 2000 per Fax ankündigte, lebte ich bereits von Mireille getrennt. Ich fiel aus allen Wolken, denn damit hatte ich nicht gerechnet, mit 63. Doch als sich die Überraschung gelegt hatte, war ich glücklich. Natürlich liebte ich meine Töchter von ganzem Herzen. Mit der Mutter von Robin war ich zum Zeitpunkt der Geburt zwar nicht mehr zusammen, ich wollte aber auf jeden Fall so gut wie möglich für ihn sorgen. Wenn man ein Kind zeugt, ist man dafür auch in der Pflicht. Man kann doch nicht einfach zur Mutter sagen: „Ich zahle dir jetzt den Mindestsatz, lass dich mit den Rest alleine und dann schau mal, wie du über die Runden kommst." Das fand ich total falsch.

⁂

Ich fühlte mich verantwortlich für meinen Sohn und freute mich immer, wenn ich ihn sah. Da gibt es eine lustige Geschichte: Ungefähr zur selben Zeit wie ich bekamen auch zwei andere prominente Väter Nachwuchs, ebenfalls nicht mit den Damen, mit denen sie verheiratet waren. Boris Becker hatte Angela Ermakowa im Londoner Restaurant „Nobu" kennengelernt, daraus resultierte die spätere Begegnung in der Besenkammer. Ein paar Monate später wurde Boris per Fax von Angela über die Schwangerschaft informiert – wie

154

bei mir. Kurz darauf wurde die kleine Anna geboren. Boris lebte zu dieser Zeit mit Babs Becker und seinen beiden Söhnen in München.

Heidrun Burmester, Angestellte beim FC Bayern, brachte den kleinen Joel Maximilian zur Welt, Vater war der weltberühmte „Kaiser" Franz Beckenbauer. Des Kaisers Ehefrau Sibylle schien sich anfangs mit der Situation zu arrangieren. Später trennten sie sich. Eines Tages habe ich Franz Beckenbauer am Flughafen in München getroffen. Er guckte mich mit einem verschmitzten Lächeln an und sagte: „Na, Kollege …" Ich wusste sofort, was er meinte.

⚘

Ich blieb in der Münchner Wohnung, Mireille zog in unsere Schweizer Wohnung in Zürich. Ich besaß jahrelang ein kleines Häuschen in der Schweiz, am See. Es hatte einen wunderschönen Blick und war idyllisch gelegen. Ich habe mich dort immer wunderbar erholt. Aber für die Kinder war es leider gar nichts. Sie haben sich dort sehr gelangweilt, weil es so weit weg von Zürich war. Also habe ich mich schweren Herzens davon getrennt und dafür eine Wohnung in Zürich gemietet. Mireille mochte sie sehr gerne und sie sollte dort erst einmal wohnen, solange sie wollte. Natürlich bin ich für alle Kosten aufgekommen, auch für Telefon und Strom, für alles, was eben so anfiel.

Mireille und ich hatten ausgemacht, dass wir Freunde bleiben. Das waren wir uns schuldig, wir hatten zwei Kinder und eine sehr lange und intensive Lebensreise hinter uns. Unsere Liebe hatte so schön angefangen. Doch dann war sie irgendwann gegangen. Das passiert, wie wir alle wissen, leider manchmal. Wir haben uns fest versprochen: „Es wird kein böses Blut geben." Doch dann hat Mireille einen Krieg angefangen. Der Auslöser war wohl, dass sie irgendwo angeblich einen Brief gefunden hatte, der Robins Lebens- oder Ausbildungsversicherung beinhaltete. Und das war falsch. Darüber war sie völlig außer sich. Sie bildete sich ein, dass Robin besonders großzügig abgesichert würde, und dachte sich wahrscheinlich: Warum der und nicht ich und meine Kinder? Die Eifersucht hat ihre Gedanken vergiftet. Da kam Mireille wohl die Idee: Jetzt nehmen wir Roberto aus.

Geld verdirbt den Charakter. Wenn es ums Geld geht, kommen häufig die schlechtesten Eigenschaften der beteiligten Personen zum Vorschein. Je mehr Geld vorhanden ist, desto gieriger werden die Leute und desto mehr sind sie auch bereit, zu lügen, um ans Geld zu kommen. Das ist die bittere Erfahrung, die ich gemacht habe, und die trifft auf jede dritte Familie zu. Meine Töchter schlugen sich total auf die Seite ihrer Mutter, als wir uns trennten, und ein mir unerklärlicher, unerbittlicher Kampf gegen mich begann.

Ich ging zur Kur nach Marbella, um etwas abzunehmen. Plötzlich bekam ich einen Anruf von meiner Kreditkartenfirma: „Herr Blanco, wo sind Sie? Kaufen Sie gerade die ganze Welt auf?" Eine Karte war mit 20.000 Euro belastet, die andere mit 25.000 Euro. Ich war völlig schockiert. „Wie bitte?", rief ich. „Das war ich nicht!" Ich habe die Karten sofort sperren lassen. Zuerst dachte ich, irgendwelche Betrüger hätten die Karten geknackt und sich mein Geld geholt. Dann kam allerdings heraus: Mireille und die Kinder hatten das Geld ausgegeben. Ich bin ja immer großzügig zu allen gewesen, aber das ging wirklich zu weit! Was sollte dieser völlige Irrsinn? Ich habe die Kreditkartenschulden abbezahlt.

Dieser Vorfall trug natürlich nicht dazu bei, dass das Verhältnis zwischen Mireille und mir sich verbesserte. Und meine jüngere Tochter Patricia fing an, auf mich in der Öffentlichkeit zu schimpfen, und versuchte ständig, mich bei Mireille schlechtzumachen.

⁂

Dann kam der Super-GAU, das war, glaube ich, 2004. Patricia hat den schlimmsten Vertrauensbruch begangen, den man sich als Vater vorstellen kann.

Ich war ein großer Uhrenfetischist, meine Uhrensammlung war mein ganzer Stolz, ich hatte eine Patek Philippe, eine Rolex Day-Date, eine Audemars Piguet – ach, und noch weitere tolle Exemplare. Eines Tages hatte Patricia mal wieder einer Zeitung ein Interview gegeben und mich ordentlich mit Schmutz beworfen. Ich hätte Mireille immer nur mies behandelt und würde mich für sie und ihre Schwester überhaupt nicht mehr interessieren seit der Geburt ihres Halbbruders. Jetzt sei die Zeit der Abrechnung.

Ich wollte das Blatt schon zur Seite legen, da fiel mein Blick auf das Foto von ihr und Mireille. Wie paralysiert starrte ich auf Patricias Handgelenk. Sah ich da etwa richtig? War das … meine Uhr? Wo hatte sie die denn her? Blitzschnell guckte ich an dem Platz nach, an dem ich meine Schätze aufbewahrte. Und – da traf mich der Schlag, mir blieb buchstäblich die Luft weg. Konnte das wirklich sein? Alles war leer. Alle Uhren waren weg. Oh mein Gott! War es wirklich möglich, dass meine

157

eigene Tochter mich so hinterhältig bestohlen hatte? Und sich auch noch dreist mit einem besonders schönen Exemplar fotografieren ließ? Leider ja. Das war so bitter.

Ich rief sofort meinen Anwalt an – und, nach dem Gespräch mit ihm, die Polizei. Der Beamte am Telefon riet mir, Anzeige gegen Patricia zu erstatten. Das habe ich gemacht. Daraufhin wurde ein Streifenwagen zu ihr nach Hause geschickt und Polizisten haben ihre Wohnung durchsucht. Dort fanden sie zwar keine der Uhren, aber Quittungen vom Pfandhaus. Eine der Uhren war sogar noch dort. Ich könne sie wiederhaben, sagte der Besitzer des Pfandhauses. Allerdings müsse ich dafür bezahlen. Wie absurd ist das denn!

Die Uhren hatten einen Wert von über 70.000 Euro, heute wäre es das Doppelte. Und einige bekommt man schon gar nicht mehr. Meine Tochter hat wirklich ganze Arbeit geleistet.

Nachdem ich gegen sie Anzeige erstattet hatte, ging alles seinen behördlichen Gang. Doch kurz bevor es zum Prozess kam, habe ich die Klage zurückgezogen. Ich konnte nicht vor Gericht gegen meine eigene Tochter vorgehen. Das habe ich nicht übers Herz gebracht. Obwohl das Verfahren damit beendet war, hat sie mich danach in der Öffentlichkeit noch viel heftiger attackiert. Patricia wollte mich nachhaltig beschädigen.

Heute denke ich, ich hätte das vor Gericht durchziehen sollen. Dann hätte sie etwas daraus gelernt. Man stiehlt nicht. Keine Birne von einem fremden Baum und schon gar kein Vermögen vom eigenen Vater. Die Hand, die einen füttert, sollte man nie beißen.

In der Presse hat Patricia später erzählt, ihre Mutter hätte ihr den Platz verraten, an dem ich die Uhren versteckt hatte. Und Mireille hätte ihr auch geraten, sie zu klauen und zu versetzen, damit sie ein Auskommen im Leben hätte. Wieso sollte man als gesunde, gutaussehende junge Frau seinen Vater bestehlen müssen, um an Geld zu kommen? Man kann doch arbeiten, wie so viele andere Menschen auch!

Seit 14 Jahren höre ich kein nettes Wort mehr von meiner Tochter Patricia. Sie erklärt jedem, ob der es hören will oder nicht, was ich alles falsch gemacht habe und was ich für ein schlechter Mensch bin.

Letztens lese ich in der Zeitung, wie oft sie sich hat operieren lassen. Sie war im „Dschungelcamp" und bei „Big Brother" ... was für ein Beruf ist das denn!

Ich weiß nicht, woher der ganze Hass auf mich kam. Hätte ich ihren Uhrendiebstahl wirklich vor Gericht ausgefochten, dann könnte ich vielleicht ein kleines bisschen verstehen, warum sie bis heute so gegen mich hetzt.

❧

Irgendwann später wollten Mireille und ich uns in Zürich treffen, um in Ruhe gemeinsam zu besprechen, wie es weitergehen sollte. Das ist ja am Telefon immer ungut. Ich war mittlerweile mit Luzandra zusammen und fühlte mich nach dieser harten Zeit endlich wieder ein bisschen leichter und glücklicher. Doch ein paar Tage vor unserer Verabredung rief mich die Sekretärin unseres Vermieters in Zürich an. „Roberto, wir wollten Strom und Wasser ablesen, doch deine Frau ist in der Wohnung nicht erreichbar. Wir haben sie seit Tagen nicht mehr gesehen. Können wir die Tür aufbrechen?" Ich erwiderte: „Nein, ich komme nach Zürich. Wir gehen zusammen in die Wohnung."

Als ich mit Luzandra und der Sekretärin die Wohnung betrat, traf mich der Schlag! Oh Gott! Die sah vielleicht aus! Mireille hatte alle Möbel und den Fernseher dagelassen, der Kühlschrank war offen und voll mit vergammelten Lebensmitteln, obwohl sie ja öffentlich erklärt hatte, sie hätte nichts zu essen. Ich musste die Wohnung für 10.000 Franken renovieren lassen und weil sie den Schlüssel nicht hinterlassen hatte, mussten auch alle Schlösser ausgetauscht werden. Wir haben die Möbel entsorgt und die Jalousien erneuert. Vom einen auf den anderen Tag ist sie einfach nach Monte Carlo gegangen. Ich weiß wirklich nicht, warum sie das getan hat.

❧

Besonders schlimm und hämisch schrieben die Zeitungen, als ich 2014 bei einer Veranstaltung in Niederbayern gepfändet wurde. Es ging um eine Unterhaltsnachzahlung in Höhe von über 150.000 Euro für Mireille. Was haben sich da alle mit ihren bösen Vorwürfen und schadenfrohen Kommentaren überschlagen! Durch den Dreck gezogen haben sie mich! Und niemand hat mich nach der Wahrheit gefragt. Als habgierig und skrupellos wurde ich hingestellt. Diese Zeit, durch die ich da gegangen bin, wünsche ich meinem ärgsten Feind nicht.

❧

Ab und zu habe ich es aber geschafft, die eine oder andere Widrigkeit meines Lebens mit Humor zu nehmen. Als jeder darüber spekulierte, wie pleite ich eigentlich sei, trat ich in einem Werbespot für Sixt auf. Mein Superhit „Ein bißchen Spaß muß sein" wurde leicht umgedichtet – in „Ein bisschen Spar'n muss sein". Im Video stehe ich als Gangsta-Rapper verkleidet, mit Cap und üppigen Goldkettchen, vor meiner protzigen Villa und muss mit ansehen, wie alle Schätze aus meinem Haus von einem Pfänder weggeschafft werden. Ich nahm meine eigene Situation so richtig aufs Korn. Kleine Textprobe gefällig? „Goldene Uhren, riesiger TV. Ich hab' alles verloren wegen meiner Exfrau." Der Videospot wurde Kult!

⁂

Eines Tages, als alles anfing und wieder ein besonders niederträchtiger Text über mich in irgendeinem Blatt stand, rief mich mein langjähriger Weggefährte Klausjürgen Wussow an, der Dr. Brinkmann aus der „Schwarzwaldklinik". Ein großartiger Schauspieler und Kollege, wir schätzten uns sehr. Er sagte ziemlich bestimmt: „Roberto, ich gebe dir aus lieber Freundschaft einen guten Rat. Mach nicht denselben Fehler wie ich. Ich habe irgendwann, nach all der schmutzigen Berichterstattung über meine Exfrauen und meine Kinder, ein Interview gegeben und gesagt: Jetzt rede ich! Ich habe das gemacht, obwohl mir jeder abgeraten hat. Und die Journalisten haben mir später jedes Wort im Mund herumgedreht." Die Presse hatte über Wussows Scheidungen und sein zeitweise schwieriges Verhältnis zu seinen Kindern oft und ausführlich berichtet. Ich antwortete: „Danke, lieber Klausjürgen." Und hielt mich an seinen Rat. Ich habe in keiner der Schlammschlachten, die die Mitglieder meiner Familie angezettelt haben, mit Dreck geschmissen.

Warum meine ältere Tochter Mercedes jahrelang nicht mit mir gesprochen hat? Keine Ahnung, ich weiß es nicht. Ihre

161

Mutter hat sie wahrscheinlich aufgestachelt. Von einem Tag auf den anderen herrschte Funkstille. Das hat mich ziemlich traurig gemacht. Aber ich will Mercedes auch nicht zwingen, mit mir zu tun zu haben. Vor nicht allzu langer Zeit hat sie sich einmal gemeldet. Vielleicht nähern wir uns wieder an, darüber wäre ich sehr glücklich. Aber ich möchte das im Moment nicht zerreden.

Das ist jetzt das letzte Mal, dass ich über meine Exfamilie spreche. Ich bin fertig mit dem Thema. In dieser Beziehung, vor allem mit Patricia und Mireille, habe ich einfach Pech gehabt. Familie bleibt immer Familie. Von Freunden, die einem nicht gut tun, einen verraten oder gar versuchen, einen zu vernichten, kann man sich trennen. Das geht bei der Familie ja nicht so einfach.

Ich habe mein Bestes gegeben. Wenn Beziehungen nicht so funktionieren, wie wir es uns wünschen, ist nie nur einer schuld. Auch wenn das die bequemste Lösung ist. Mehr möchte ich dazu nicht sagen.

Gott sei Dank habe ich mit meinem Sohn ein nettes Verhältnis. Robin ist jetzt 17 Jahre alt und will auch Musik machen. Er hat eine Band und rappt, gerade war er im Stimmbruch. Seine Stimme wird meiner immer ähnlicher. Er sieht sehr gut aus und ist wirklich ein netter Junge. Wir treffen uns regelmäßig und ich bin stolz auf ihn.

Auch mit meinen Halbgeschwistern verstehe ich mich gut. Insgesamt habe ich ja fünf, von mehreren Müttern. Leider ist meine ältere Schwester Lazara, an der ich sehr hing, vor einem Jahr gestorben. Wir waren ganz eng. Mit ihrer Tochter Carmen, meiner Nichte, telefoniere ich jeden Sonntag. Meine andere Halbschwester Antonia wird „Kuka" genannt, sie war

Sängerin und lebt in München, wir sehen uns, natürlich. Mein Halbbruder Viktor pendelt zwischen Beirut und London. Und meine beiden Geschwister aus der Ehe mit Irene, Caridad und Jesus, sind in Barcelona, auch mit ihnen treffe ich mich ab und zu.

Ich lebe mein Leben,
wie ich es
für richtig halte,
und nicht
wie andere es wollen

13

Ich weiß nicht, wie ich diese schwere Zeit und all die bitteren Vorwürfe, die mich schmerzhaft unter die Gürtellinie trafen, ohne Luzandra durchgestanden und verkraftet hätte. Sie war so lieb zu mir. Sie hat mir immer wieder den Rücken gestärkt und mich aufgebaut. Und sie gab mir das Gefühl, dass das Leben noch so viele schöne Stunden für mich, für uns bereithält.

Um eines klarzustellen: Ich diskutiere mit niemandem mehr über den Altersunterschied zwischen zwei Menschen, die sich lieben. Das habe ich satt. Leute, die ungefragt ihren Senf dazugeben, weil sie angeblich Experten auf diesem Gebiet sind, sollen doch erst einmal vor ihrer eigenen Tür kehren. „Ist das zwischen Roberto und Luzandra wirklich wahre Liebe? Das kann ich mir beim besten Willen nicht vorstellen …“ Ich kann es nicht mehr hören. Wie viele ältere Frauen haben einen jüngeren Freund! Und viele junge Frauen brauchen einen älteren Mann – als Vaterersatz oder für was auch immer.

Es gibt Paare, die sind todunglücklich, obwohl sie gleichaltrig sind. Stellen Sie sich das mal vor! Ja, ich bin 40 Jahre älter als meine Frau. Na und? Wen stört das? Sie? Glaube ich nicht. Luzandra? Auch nicht. Mich? Keine Sekunde meines Lebens. Wir sind glücklich miteinander, so ausgelutscht das Wort „glücklich“ auch sein mag. Für mich bedeutet es, dass ich meine Frau als Geschenk Gottes betrachte, und zwar in jeder Minute unseres Zusammenseins. Ich genieße und wertschätze jeden einzelnen Moment mit ihr. Und ich kann mir niemand anderen vorstellen, neben dem ich morgens aufwachen und abends einschlafen möchte. Wenn Luzandra bei mir ist, scheint auch am dunkelsten Tag irgendwann die Sonne.

⁂

Kennengelernt habe ich sie vor neun Jahren bei einem Boxkampf in Hamburg, das war Anfang des Jahres 2008. Ich weiß gar nicht mehr, wer da geboxt hat, weil mein Herz und mein Hirn mit diesem Ereignis nur Luzandra verbinden. Wie immer hatte ich ein Zimmer im Hotel Interconti an der Außenalster gebucht.

Der Veranstalter hatte mir einen Chauffeur organisiert, der mich im Interconti abholen sollte, er hatte mich vorher gefragt, ob es ein Problem sei, wenn ich mir die Limousine mit jemandem teile. War es natürlich nicht! Ich weiß noch, dass die Scheiben des Wagens beschlagen waren, ich konnte also nicht sehen, ob da schon jemand auf der Rückbank saß. Der Fahrer öffnete mir die linke hintere Tür – und ich blickte in das Gesicht eines Engels, das von langen blonden Haaren umrahmt war. „Oh, darf ich mich zu Ihnen setzen?", fragte ich erfreut. Eine so bildhübsche junge Frau hatte ich wirklich nicht im Fond des Wagens erwartet. Sie nickte lächelnd, ich stieg ein und wir fingen gleich an, uns zu unterhalten. Luzandra sah sehr süß aus, sie trug eine schwarze Jeans und einen schwarzen Body. Wir sprachen deutsch und mir fiel ihr interessanter Akzent auf. Nach etwa 15 Minuten

168

Fahrt erkundigte ich mich: „Wo kommen Sie denn her?" Sie antwortete: „Aus Kuba!" „Was?", rief ich. „Das gibt's doch nicht! Ich bin auch Kubaner!" Was für ein Zufall! Nein, kein Zufall, das war Schicksal. Das sollte so sein. Wir haben dann spanisch miteinander gesprochen.

Nach dem Boxkampf sind wir in die Diskothek „Die Insel" in Hamburg weitergezogen. Leider konnte ich nicht so lange ausgehen, da ich am nächsten Tag früh zurück nach München fliegen musste. Wir haben uns verabschiedet und Telefonnummern ausgetauscht, dann bin ich alleine zurück ins Hotel. Gleich am nächsten Tag habe ich Luzandra geschrieben, wie sehr ich mich gefreut hätte, sie kennenzulernen. Ich musste ständig an sie denken – das habe ich natürlich nicht geschrieben.

Wir hatten zu dieser Zeit beide keine Beziehung. Ich war getrennt von Mireille und Luzandra war nicht mehr mit ihrem deutschen Ehemann zusammen. Ehrlich gesagt: Ich war schon nach diesem ersten Abend hingerissen von Luzandra. Sie war so schön, so temperamentvoll und dabei auch noch so herzlich. Wir schrieben uns mehrmals täglich SMS. Und dann kam mir auf einmal eine Idee.

Ich hatte einen Vertrag für ein Engagement auf der MS Europa über Weihnachten und Silvester, und zwar auf der Route von Manaus in Brasilien bis zu den karibischen Inseln. Und ich hatte überhaupt keine Lust, allein zu diesen paradiesischen Orten zu reisen. Das macht ja gar keinen Spaß! Außerdem bekam ich zwei Business-Class-Flüge und eine tolle Suite auf dem Schiff. Also habe ich ihr eines Abends geschrieben: „Ich würde dich gerne auf eine wunderschöne Reise einladen. Und würde mich sehr freuen, wenn du diese Einladung annimmst."

Sie antwortete sofort, dass sie große Lust hätte. Aber es gäbe leider ein Problem: Luzandra hatte eine gut gehende Modeboutique in Hamburg in der Hamburger Straße. Und die Reise fiel mitten ins Weihnachtsgeschäft, da konnte sie eigentlich nicht fehlen. Wir mussten überlegen, wie wir das lösen.

Bald darauf rief mich Luzandra in einer anderen Sache an. Die Miss-Hamburg-Wahl stand kurz bevor und sie würde mit ihrer Boutique die Wahl sponsern. Für die Jury wurde noch ein prominentes Mitglied gesucht. Ob ich Zeit hätte und Lust? Oh ja, beides. Ich kam nach Hamburg und nach der Preisverleihung hatten wir einen wunderbaren Abend. Wir haben uns geküsst – aber mehr ist nicht passiert. Jeder ist allein in sein Bett schlafen gegangen.

Nach ein paar Wochen ergab sich dann für unsere Schiffsreise auf einmal eine Lösung: Luzandras beste Verkäuferin hatte einen Riesenkrach mit ihrem Ehemann. Und in der Boutique befand sich im Untergeschoss noch ein kleines Zimmer, in dem ein Schlafsofa stand. Die Verkäuferin fragte, ob sie da für eine Zeit übernachten könne, dafür würde sie die Boutique während des Weihnachtsgeschäfts übernehmen. Das war unser großes Glück. So konnte Luzandra mich also doch noch begleiten.

Am Tag, bevor wir uns in Frankfurt treffen wollten, rief ich sie an, um mit ihr irgendetwas zu besprechen – ich hatte vorsichtshalber zwei Nächte im Sheraton Hotel am Flughafen gebucht, erst am dritten Tag flogen wir nach Südamerika. Nach fünfmal Klingeln hob sie ab – ich dachte zuerst, ich hätte mich verwählt. Am anderen Ende war eine mir völlig unbekannte, heisere Stimme, die erbärmlich krächzte. „Aaah, ich bin so erkältet. Mir geht es gar nicht gut." Oh mein Gott! Luzandra hörte sich wirklich schlimm an! „Du solltest lieber zu Hause bleiben! Du klingst todsterbenskrank!", sagte ich zu ihr und war ganz traurig. Ich hatte mich so sehr darauf gefreut, eine längere Zeit mit ihr zu verbringen. Und auch noch in so einer traumhaften Umgebung. „Nein, nein", krächzte sie. „Es wird schon gehen." Luzandra ist eine sehr starke Frau. Und sehr tapfer. Damit meine ich natürlich nicht nur, wie sie mit einer Grippe umgeht. Sondern wie sie ihr Leben meistert. Was sie alles geschafft hat, ohne Hilfe, alles aus eigener Kraft.

Am nächsten Tag kam ich zuerst in Frankfurt an. Ich kannte den Besitzer der Apotheke am Flughafen aus meiner Wiesbadener Zeit. „Bitte, gib mir die beste Medizin. Meine Freundin hat Grippe und muss ganz schnell wieder gesund werden! Wir fliegen übermorgen nach Brasilien", flehte ich ihn an. Er stellte mir eine ganze Tüte voll Tabletten und Tröpfchen zusammen und versah jede Arznei mit genauesten Anweisungen.

Luzandra traf am späten Nachmittag ein und sah richtig elend aus. Sie war schwach, hatte einen total matten Blick und glühte vor Fieber. Wie sollte sie bloß übermorgen einen 12-Stunden-Flug überstehen? Nur durch ein Wunder würde sie bis dahin gesund werden. Sie legte sich gleich ins Bett und schlief. Und nachts hat sie so stark geschwitzt, so etwas habe ich noch nie erlebt. Ich habe sie die ganze Nacht mit Handtüchern getrocknet. Leider ging es ihr am nächsten Morgen nicht viel besser. Sie wollte nur im Bett bleiben und fühlte sich weiterhin schwach und elend. Mittags habe ich ihr eine Hühnersuppe bestellt, damit sie wenigstens ein bisschen zu Kräften kommt. Ein paar Löffel hat sie Gott sei Dank zu sich genommen. Am dritten Tag war sie etwas stärker und fit genug, um ins Flugzeug zu steigen. Ich war so erleichtert. In der Minute, in der sie auf ihrem Sitz saß, ist sie fest eingeschlafen und erst in Brasilien wieder aufgewacht.

⁊

Wir gingen wie geplant in Manaus aufs Schiff. Sobald wir unsere Kabine bezogen hatten, fing Luzandra an, die Koffer auszupacken. Vor uns lagen fast drei Wochen, die wir gemeinsam in dieser Kabine wohnen würden. Und genau in diesem Moment schoss es mir durch den Kopf: Wie ist sie denn eigentlich, diese wunderbare blonde Frau? Wie ist sie morgens, wenn sie aufsteht? Ist sie vielleicht ein Morgenmuffel? Wie ist sie, wenn sie ein Glas zu viel getrunken hat? Ist das hier nicht ein bisschen verrückt? Ich kenne Luzandra doch gar nicht! Wir hatten bis dahin ja noch nichts miteinander, ein bisschen geschmust, okay, aber nicht miteinander geschlafen.

„Oh je … es wird schon alles gut gehen", dachte ich mir, als wir abends langsam zum Essen spazierten. Wir genossen ein köstliches Dinner, waren aber beide so müde, dass wir danach sofort eingeschlafen sind. Erst am nächsten Morgen ist es dann passiert … Es war wundervoll. Nicht mit Worten zu beschreiben. Einfach himmlisch.

Wenn mich heute jemand nach unserer ersten gemeinsamen Nacht fragt und ich ihm erzähle, dass wir vor der Reise drei

Tage wie Bruder und Schwester nebeneinander verbracht haben, glaubt mir das natürlich keiner. Es war aber so.

Wir haben uns wirklich gut verstanden auf dieser Reise. Jeden Morgen ist Luzandra mit einem Lächeln auf den Lippen aufgewacht, hat mich geküsst und sich an mich gekuschelt. Und mit jedem Tag habe ich mich mehr in sie verliebt. Sie war so zauberhaft. Bei jedem meiner Auftritte auf dem Schiff hat sie sich darum gekümmert, dass alles klappt. Das ist nicht selbstverständlich.

Unser letzter Abend war ganz furchtbar. Mein Herz war schwer und Luzandra hat geweint wie ein Kind. „Was passiert jetzt mit uns? Wann werden wir uns wiedersehen?", schluchzte sie. Für mich war der Abschied auch sehr traurig. Ich hatte mich mit Haut und Haaren in sie verliebt und sie sich scheinbar auch in mich.

❦

Dann erzählte sie mir eine Geschichte: Luzandra kannte mich nämlich schon viel länger, sie kannte mich lange vor unserer gemeinsamen Fahrt in einer Limousine durch die Hamburger Nacht.

Sie arbeitete früher als Model in Havanna. Da gibt es eine tolle alte Kolonialvilla mit verschiedenen Luxusshops, einem Friseur und einem Swimmingpool. Sie heißt „La Maison". Und jedes Wochenende zeigten die Models, auch Luzandra, dort die neusten Kollektionen.

Bei einer Veranstaltung war sie mit den anderen Mädchen im 1. Stock und machte sich fertig für eine Modenschau. Als sie gerade nach unten gehen wollte, sagte der Direktor: „Warte

noch ein bisschen, gerade ist ein berühmter Gast gekommen."
Alle haben geguckt, aber niemand konnte etwas sehen. Man
hörte nur eine tiefe Stimme, die ein Gespräch auf Spanisch
führte. Luzandra fragte: „Ist der, der da spricht, Kubaner?"
Aber der Direktor meinte: „Nein, nein, der ist ein Ausländer."
Als die Models mit ihrer Fashionshow begannen, war der „Ausländer" schon wieder weg. Luzandra hat also nie erfahren, wer
dieser berühmte Gast war, aber sie hat seine bemerkenswerte
Stimme im Kopf behalten.

Nach ein paar Tagen ging sie zu einem Supermarkt, um
einzukaufen. Dort sah sie ein riesiges Plakat, was selten ist auf
Kuba. Denn Plakate drucken kostet viel Geld. Darauf war ein
Bild von mir – eine Werbung für Batida de Coco, für die ich
damals engagiert war. Sie fragte einen der Verkäufer: „Wie
kommt ein Ausländer dazu, hier in Kuba für ein Getränk
Werbung zu machen? Wieso haben die keinen Kubaner genommen?" Der Verkäufer sagte: „Weil keiner von uns international bekannt ist – der ja!"

Luzandra zog später nach Deutschland und heiratete einen
Deutschen. In den ersten Wochen hatte sie schlimmes Heimweh nach ihrer Familie und war oft traurig. Eines Tages war
sie mit einer deutschen Freundin zuhause und der Fernseher
lief in der Wohnung. Auf einmal hörte sie eine Stimme, die ihr
bekannt vorkam. Sie guckte genauer auf den Bildschirm – und
erkannte mein Gesicht von der Batida-de-Coco-Werbung. Ganz
aufgeregt sagte sie zu ihrer Freundin: „Ich kenne diesen Mann."
Die Freundin lachte und meinte: „Das ist nichts Besonderes.
Ich kenne ihn auch." „Nein, du verstehst nicht … Ich habe
diese Stimme vor ein paar Jahren im ‚La Maison' in Havanna
gehört und nie vergessen! Und sein Gesicht habe ich auch schon

auf Kuba gesehen, auf einem Plakat. Wer ist das?" Und die Freundin antwortete: „Das ist Roberto Blanco, ein berühmter Sänger hier in Deutschland."

Für Luzandra änderte dieser eine Moment alles. Sie war sehr emotional zu dieser Zeit und hatte sich überlegt, zurück in die Heimat zu gehen. Aber nachdem sie mich im Fernsehen „wiedergefunden" hatte, dachte sie sich: Wenn der hier berühmt geworden ist, dann ist Deutschland vielleicht wirklich offen für Menschen aus fremden Ländern, für deren Herz und Verstand, für ihre Ideen und Talente. Und sie beschloss in Deutschland zu bleiben und ihren Traum zu verwirklichen: Sie wollte in der Modebranche arbeiten und am allerliebsten Designerin werden.

Dann kam Tom Jones auf Tournee und gab ein Konzert in Bremen. Ich war vom Veranstalter eingeladen, in der Pause sollte ich dem Sänger vorgestellt werden. Luzandra hat mich aus der Ferne gesehen. Aber um mich drängte sich eine Traube Menschen und sie kam nicht zu mir durch. Sie wollte mir „Hallo" sagen und „Ich bin auch Kubanerin." Da hätten wir uns also schon kennenlernen können, noch vor der Begegnung in der Limousine.

Es war Schicksal, dass Luzandra und ich zusammengekommen sind. Wir waren füreinander bestimmt.

❧

Als wir nach unserer herrlichen Reise auf einmal wieder räumlich getrennt waren, hatten wir beide sehr schnell schreckliche Sehnsucht. Aber wir hatten ja unsere Lebensmittelpunkte an entgegengesetzten Orten der Republik. Ich wohnte in meinem schönen Penthouse in München. Und Luzandra hatte in Hamburg eine tolle Modeboutique aufgebaut und wollte die nicht einfach aufgeben, sie hatte so hart dafür gearbeitet und war stolz darauf. Wir telefonierten jeden Tag stundenlang, aber sie fehlte mir so sehr. Also fragte ich Luzandra, ob sie mich in München besuchen würde. Ich hoffte sehr, dass ihr meine Wohnung gefallen und sie sich dort wohlfühlen würde. Und dass es ihr dann leichterfallen würde, nach München zu ziehen. Ich habe ihr ein Flugticket geschickt und sie vom Flughafen abgeholt. Als wir bei mir zu Hause ankamen, hob ich sie hoch, trug sie über die Türschwelle und sagte: „Willkommen in meinem Schloss, meine Königin. Du bist ein Teil meines Lebens." Ich glaube, das hat sie berührt. Trotzdem pendelten wir danach noch ein paar Monate, das war ziemlich frustrierend. Man will ja mit dem Menschen, den man von ganzem Herzen liebt, so viele Stunden wie möglich verbringen. Alles andere ist vertane Zeit.

Dann bekam Luzandra plötzlich Probleme mit einer ihrer Verkäuferinnen in der Boutique, die hatte sie betrogen. Sie fragte mich um Rat. Mein Rat war recht simpel: „Lass das alles mit dem Laden, komm zu mir, leb bei mir, leb mit mir."

So kam es dann auch – aber vorher hatten wir viele intensive Gespräche. Luzandra hatte Angst: „Du hast alles erreicht im Leben. Was kann ich dir bieten? Ich bin ein ganz normales Mädchen aus Kuba." „Du kannst mir alles bieten. Du bist mein Glück, mein Leben, meine Königin", beruhigte ich sie. Viele Leute redeten damals auf sie ein: „Sei vorsichtig, Roberto ist bekannt für seine vielen Frauengeschichten, er ist ein großer Charmeur." „Das ist mir völlig egal", hat sie zu denen gesagt. „Wir haben eine wirklich große Liebe."

Sie hat eine Spedition beauftragt, ich bin zu ihr nach Hamburg gefahren und habe beim Packen geholfen. Und dann zog sie bei mir ein. Ich erinnere mich noch, dass sie mich gefragt hat: „Wäre es okay, wenn ich einige Dinge bei dir zu Hause verändere?" Das war irgendwie süß. „Kein Problem", meinte ich. Ich wollte ja, dass sie sich richtig wohl fühlt. Sie hat mir eine lange Liste von Dingen gegeben, die sie sich für die Wohnung wünschte. Ich habe alles besorgt. Anfangs, als wir zusammenlebten, kam ich manchmal mit Luzandras neuer Ordnung nicht zurecht. Alles stand auf einmal woanders. Ich suchte meine Unterhosen, die hatte ich immer alle in einer Schublade. Luzandra hat sie geordnet – die schwarzen zusammen, die weißen zusammen … was Frauen eben so machen.

⚘

Als wir uns die ersten Male gemeinsam in der Öffentlichkeit zeigten, haben natürlich viele Leute irgendeinen blöden Spruch von sich gegeben. Sie haben das nicht vor mir oder Luzandra gesagt. Das machen die meisten Menschen ja nicht. Sondern hintenherum. Oder sie gingen gleich an die Presse. Der Letzte, der sich dazu geäußert hat, war Joachim Llambi, der in der Jury von „Let's Dance" sitzt. Es war so etwas in der Art: „Dass Roberto so eine junge Frau hat … Ich würde ihm davon abraten."

Als ich ihn danach gesehen habe, fragte ich ihn: „Seit wann bist du denn Experte darin, wen ich heiraten soll? Wie kommst du dazu, mir in einem Interview einen Rat zu geben?" „Nein, das habe ich nicht gesagt, habe keine Ahnung, woher die das haben", duckte er sich weg. „Ah, das haben die

von alleine geschrieben, ohne dass du es weißt. Komm …"
Ich habe mich umgedreht und bin weggegangen. Mich ärgert
das. Das ist mein Leben und es geht niemanden etwas an.
Ich mische mich bei anderen Menschen nicht ein und wünsche mir dasselbe von ihnen.

Es ist ja so viel leichter, über die Angelegenheiten anderer
klug daherzureden, als sich um seinen eigenen Mist zu kümmern. Ich verstehe das nicht: Viele Menschen glauben tatsächlich, wenn sie ihre Nase in fremde Dinge stecken und die
Probleme der anderen zerreden oder aufbauschen, dann werden ihre eigenen Schwierigkeiten kleiner oder verschwinden
vielleicht sogar ganz. Das ist eine totale Fehlannahme, ein
riesiger Quatsch!

Als Mireille und ich uns trennten, taten einige Kollegen
tatsächlich öffentlich ihre Meinung kund. Karl Moik war besonders übel. Er sagte in aller Öffentlichkeit: „Ich habe mich
gewundert, wie lange die Frau das aushält." Das hat er doch
nur gemacht, damit er in die Zeitung kommt. „Dass dieser
Mensch seine Frau so behandelt", ereiferte sich eine Tochter
von Karlheinz Böhm. Ich fand das wirklich widerwärtig.

Ich habe auch meine Macken, aber nie würde ich öffentlich
über Kollegen schlecht reden oder sie verurteilen. Überhaupt
– immer dieses Be- oder Verurteilen. Das ist eine solche Anmaßung. Wir stecken doch nicht in der Haut des anderen.
Wir haben nicht sein Schicksal durchlitten, haben seine Tiefschläge nicht erlebt und kennen seine wunden Punkte nicht.
Wir wissen nicht, wann er das letzte Mal geweint hat, worauf
er stolz ist und was ihn froh macht – was ihn zu dem Menschen
gemacht hat, der er heute ist. Jeder lebt sein eigenes Leben.
Und wir alle sind durch unsere eigenen Erfahrungen geprägt.

Erinnere dich
an die Komplimente
und vergiss
die Beleidigungen

14

Luzandra liebt es, wenn ich ihr Geschichten aus meinen alten Zeiten erzähle. Von Scherzen und Streichen aus meiner Jugend, von abenteuerlichen Reisen und den Anfängen meiner Karriere, von ausgelassenen Nächten mit prominenten Kollegen und von außergewöhnlichen Auftritten von Rio bis Russland. Und von den Weltstars, denen ich begegnet bin. Einige kennt sie schon gar nicht mehr, sie ist ja eine ganz andere Generation. Aber der, von dem ich jetzt erzähle, ist ihr natürlich ein Begriff. Den kennt jeder. Er war ein Genie, eine Ikone.

Michael Jackson trat im Münchner Olympiastadion auf, Marcel Avram, der legendäre Konzertveranstalter, hatte die Tour organisiert, wie jedes Mal, wenn der „King of Pop" auf Welttournee ging. Marcel war ein enger Freund von Michael und besorgte mir die Tickets. Als ich in der Loge im Olympiastadion ankam, fragte Marcel mich: „Willst du Michael kennenlernen?" „Ja klar", antwortete ich voller Begeisterung. Das wollte ich unbedingt! Jackson war der größte Künstler der Welt, er konnte tanzen wie kaum ein anderer, hatte die meisten Alben verkauft und die teuersten und spektakulärsten Musikvideos überhaupt produziert. Man denke bloß an „Thriller".

Ich durfte also zu ihm in die Garderobe. Mein lieber Kollege Michael Schanze war auch dabei. Michael Jackson wirkte sehr verletzlich und etwas scheu. Er hat mir ganz langsam, zart und vorsichtig die Hand gegeben und mit sehr leiser Stimme mit uns gesprochen. Über unsere Musik, seine Lieder und über München. Dann machte uns Marcel Avram ein Zeichen mit der Hand: Das reicht, Michael muss sich vorbereiten. Eine halbe Stunde später begann seine Show. Das war vielleicht irre, wie dieser schüchterne, zerbrechlich wirkende Mann auf der Bühne plötzlich wie ausgewechselt war. Ein selbstbewusster Superstar, der mit seiner extravaganten, bis ins letzte Detail ausgeklügelten Performance 70.000 Fans mitriss. Einmalig!

⁂

Die folgende Geschichte hört Luzandra auch immer wieder gerne: Ende der 60er-Jahre repräsentierte ich Deutschland gemeinsam mit Klaus Überall bei Musique aux Champs Élysées, das war eine sehr renommierte Veranstaltung eines großen Radiosenders in Paris. Klaus Überall war damals Redakteur beim *SWR* und hatte bis zu seinem Tod im Jahr 2008 einen großen Namen im Showgeschäft: als Regisseur der „Rudi Carrell Show" und der *ZDF*-Miniserie „Karl May", als Sketch-Autor von Dieter Hallervordens Slapstick-Hit „Nonstop Nonsens" und von vielen anderen erfolgreichen Formaten. Außerdem war er mit der Sängerin Katja Epstein verheiratet, nachdem sie von meinem hochgeschätzten Komponisten Christian Bruhn, der „Ein bißchen Spaß muß sein" geschrieben hatte, geschieden war. Die Ehe hielt bis an Klaus' Lebensende. Ich habe ihn sehr geschätzt und wir verbrachten eine einmalige Zeit miteinander, damals in Paris.

Um in die französische Hauptstadt zu kommen, mussten wir eine Autorallye absolvieren. Aus allen Ländern Europas reisten die Beteiligten mit einem Peugeot an, der von einem Studenten nach Hause geliefert worden war. Leider mussten wir das Auto später wieder abgeben. Wir haben sogar Bons fürs Benzin bekommen, sodass wir bei Shell immer frei tanken konnten.

Von Baden-Baden fuhren wir über Luxemburg nach Paris. Abends, kurz nach Einbruch der Dunkelheit, kamen wir dort an und brausten über die Champs-Élysées. Der gesamte Pracht-Boulevard war abgesperrt und wurde von der französischen Garde bewacht. Das war äußerst beeindruckend.

Klaus war gut befreundet mit einem großen französischen Star, mit Henri Salvador. Ein supercooler Typ, dessen Markenzeichen der stets schief getragene Hut war. Zu seinen größten Hits gehören „Juanita Banana" und „Syracuse". Mit ihm waren wir ständig unterwegs. Und mit dem Boss von Henris Plattenfirma Barclay Records, der hieß Eddie Barclay und war schon damals ein lebender Mythos.

Barclay hatte die ganz Großen der französischen Musikszene entdeckt und unter Vertrag genommen: Dalida, Charles Aznavour, Juliette Gréco, Jacques Brel und viele mehr. Er kannte Gott und die Welt, hatte einen unglaublichen Humor und konnte feiern wie kein anderer. Die Damenwelt lag dem Plattenmogul zu Füßen. Nur von einer Einzigen weiß man, dass sie ihn eiskalt abserviert hat: Eddie und die bildschöne Bianca Pérez-Mora Macías waren für etwa drei Jahre ein Paar. Irgendwann stellte er der Nicaraguanerin auf einer Party Mick Jagger vor. Und das war es dann mit der großen Liebe zwischen Eddie und Bianca. Sie ließ ihn stehen und wurde ein paar Monate später Mrs. Jagger.

1978 verkaufte Barclay sein Label, um das Leben so richtig genießen zu können. Um die „Weißen Nächte", ausschweifende Feste, die er in seiner mondänen Villa am Cap Camaret bei Saint-Tropez geschmissen hat, ranken sich heute noch viele Gerüchte und Storys.

Bis zu seinem Tod war der Lebemann neunmal verheiratet. Ein Freund sagte über ihn später: „Eddie hat die Frauen sehr geliebt – leider oft zwei oder drei gleichzeitig."

❧

Wir hatten eine sensationelle Zeit in Paris. So etwas kommt nie wieder. Was wir alles erlebt haben, wen wir getroffen haben … das war wie im Film.

Eddie Barclay hat uns ins Moulin Rouge und auf die Feste der französischen Musikprominenz mitgenommen. Fast jeden Abend sind wir zusammen essen gegangen und haben danach gefeiert. An einem Abend, in einem sehr exklusiven Club auf den Champs-Élysées, trafen wir den jungen Alain Delon, mit dem wir eine sehr unterhaltsame Nacht verbrachten. Und wir lernten die großartige französische Schauspielerin Danielle Darrieux, Michelle Morgan und viele andere französische Stars kennen. Klaus und ich genossen jede Minute unserer Reise.

Eines Morgens rief mich Henri Salvador an: „Roberto, bitte bleibt noch ein bisschen in der Stadt! Wir haben eine kleine Herausforderung: In ein paar Tagen findet eine Premierenparty im Casino de Paris statt. Eddie hat eine Freundin, nicht offiziell natürlich, die unbedingt mitkommen möchte. Aber er muss auf die Premiere seine Ehefrau mitnehmen. Eddie fragt, ob du den Begleiter beziehungsweise den Lebensgefährten seiner Freundin spielen könntest. Kriegst du das hin?" „Na klar", sagte ich fröhlich. Das klang doch nach einem sehr amüsanten Abend. „Gut, aber übertreib es nicht", drohte mir Salvador scherzhaft.

War das vielleicht eine komische Situation im Casino de Paris. Die Freundin von Eddie Barclay entpuppte sich als echter Kracher! Supersexy, bildhübsch und sehr nett. Sie holte mich mit Limousine und Chauffeur aus meinem Hotel ab und wir fuhren gemeinsam zur Veranstaltung. Dort stießen wir sofort auf das Ehepaar Barclay. Eddies Ehefrau war wesentlich älter als die Freundin, aber auch eine elegante Erscheinung. Der Plattenboss machte mich mit einem süffisanten Lächeln mit seiner Ehefrau bekannt. Und ich erwiderte, ebenfalls mit einem süffisanten Lächeln: „Darf ich Ihnen meine Freundin vorstellen?" Das war wirklich skurril. Wir standen den ganzen Abend zu viert zusammen, später kam Henri mit seiner Frau dazu und wir zogen weiter in eine Bar. Eddie und „meine" Freundin tauschten den ganzen Abend Blicke aus und berührten sich, wenn sie dachten, dass niemand hinsehen würde. Die Ehefrau schien es jedenfalls nicht zu bemerken. Oder sie guckte weg.

Ich habe später einen Vertrag mit Eddie unterschrieben und zwei Songs für Barclay Records in Paris aufgenommen. Während dieser Zeit besuchte ich mit Eddie, Henri Salvador und deren Frauen ein Konzert von Marlene Dietrich. Danach hatten wir einen großen Tisch in einem Restaurant reserviert. Als die Diva eine halbe Stunde später das Lokal betrat, hatte ich das Gefühl, dass der ganze Raum den Atem anhielt. Sie hatte eine unglaubliche Ausstrahlung und wurde von dem italienischen Schauspieler Raf Vallone begleitet.

Und von Burt Bacharach, ihrem amerikanischen Musical Director und engsten Vertrauten. Er hat später viele berühmte Songs geschrieben: „Raindrops keep fallin' on my Head", „Walk on by" und fast alle Hits von Dionne Warwick. Ich unterhielt mich angeregt mit Burt, Marlene Dietrich war eher zurückhaltend. Bis Henri zu ihr sagte: „Marlene, guck mal, mein Freund Roberto hier, der spricht deutsch." „Ah", sagte sie mit ihrer tiefen, rauchigen Stimme, „wirklich? Was machen Sie hier?" Ich erklärte ihr, dass ich wegen meiner Musik hier sei. Und eigentlich in Wiesbaden lebe. Sie war ein paar Jahre vorher in Baden-Baden aufgetreten, erzählte sie. Wir plauderten ein wenig, dann verabschiedete sie sich. Sie küsste mich auf die Wange, erhob sich, nickte in die Runde und verließ mit Raf zusammen das Lokal. Alle guckten. Sie schritt wie eine Königin durch den Raum und hatte eine fast übernatürliche Wirkung auf die Menschen. Ein echter Weltstar eben. Ich bin unheimlich dankbar dafür, dass ich solche Stunden erleben durfte. Sie haben mein Leben unendlich bereichert.

Bei einer anderen Begebenheit war Luzandra sogar dabei. Das war wirklich lustig. Wir sind zusammen nach New York geflogen, weil ich dort eine CD aufnehmen wollte: „Swinging New York", im Studio mit einer Big Band. Einige Tage vorher war leider der Hurrikan Sandy über die Ostküste gefegt und hatte Zerstörungen von historischem Ausmaß hinterlassen. Die halbe Stadt New York war ohne Strom, weil ein Umspannwerk explodiert war, viele Tankstellen hatten kein Benzin mehr. Da war ein Chaos, das kann man sich nicht vorstellen.

Als wir aus dem Terminal in Richtung Taxistand liefen, trauten wir unseren Augen nicht: Die Schlange, um ein Taxi zu bekommen, war etwa zwei Kilometer lang. „Oh mein Gott", stöhnte ich völlig ratlos. „Was machen wir jetzt bloß?" Es könnten Stunden vergehen, bis wir ein Auto ergattern.

Da kam mir eine Idee. Luzandra und ich gingen zu dem Bereich, wo die großen Limousinen parkten, die für viel Geld vorbestellt worden waren, um prominente und reiche Gäste in die Stadt zu kutschieren. Ein livrierter Angestellter dirigierte die ankommenden Kunden zu den wartenden Wagen. Ich sah mich um und nahm Blickkontakt mit ihm auf. Erst schien sein Blick über mich weg zu schweifen. Dann stutzte er ungläubig, kniff die Augen zusammen, fixierte mich und kam näher.

„Pelé?", fragte er leise. Ich nickte nachdrücklich. Anscheinend hielt er mich für den brasilianischen Fußballgott. Das bedeutete, dass wir wahrscheinlich schnell von hier wegkämen. Ich musste meine Rolle jetzt überzeugend spielen. „Pelé?", sagte er noch einmal, jetzt allerdings lauter. „Gibt es ein Problem?" Ich antwortete mit sehr tiefer Stimme: „Mein Problem ist, dass ich ein Meeting im Hotel Waldorf Astoria habe und nicht weiß, wie ich da pünktlich hinkommen soll."

Mit schnellen Schritten eilte er zu einer Limousine, die auf der rechten Seite stand, und fragte den Fahrer: „Joshua, wann kommen deine Gäste?" „So in zwei oder drei Stunden." „Könntest du", er hat dann fast ehrfürchtig geflüstert, „Pelé ins Waldorf Astoria fahren?" Auch der Fahrer schien vor Respekt zu erstarren. „Ja natürlich! Was für eine Ehre." Wir stiegen ein und fuhren weg. Beim Einladen des Gepäcks erklärte ich ihr leise auf Spanisch, dass ich für Pelé gehalten würde und wir uns bis zum Hotel nicht unterhalten könnten, damit wir nicht auffögen.

Der Chauffeur blickte auf der Fahrt immer wieder in den Rückspiegel und lächelte. Er schien furchtbar stolz auf seinen prominenten Passagier zu sein. Als wir am Hotel ankamen, wollte er partout kein Geld von mir annehmen. Ich habe ihm trotzdem 50 Dollar in die Hand gedrückt. „Es war mir eine große Ehre, Pelé", sagte er zum Abschied und gab mir die Hand. Das war allerdings nicht das erste und nicht das letzte Mal, dass ich mit dem berühmten Fußballstar verwechselt wurde. Anscheinend haben wir wirklich ein paar Ähnlichkeiten …

Im Studio verlief dann alles völlig reibungslos, wir hatten Weltklassemusiker, die für die Arrangements der Songs verantwortlich waren, und die CD mit Liedern wie „Georgia on my Mind", „Blueberry Hill" und „You are the Sunshine of my Life" wurde ein voller Erfolg.

❦

Manchmal werde ich gefragt, was mein außergewöhnlichster Auftritt war. Und da fällt mir immer ein Abend im Ruhrgebiet ein. Ich wurde mit meinem Orchester auf einem Schloss engagiert, für eine große Geburtstagsfeier. Wir hatten alle dort auch Zimmer zum Übernachten gebucht, nachmittags ruhte ich mich also aus, während meine Musiker aufbauten. Weil wir ein sehr eingespieltes Team waren, war keine Probe nötig. Und da ich für das Geburtstagskind der Überraschungsgast sein sollte, durfte ich vorher auf keinen Fall über die Schlossgänge geistern. Am frühen Abend rief mich jemand von der Rezeption an: „Herr Blanco, in einer halben Stunde ist Ihr Auftritt."

Ich machte mich fertig und schlich mich durch die Küche zum Schlosssaal, denn dort fand das Fest statt. Aus der Ferne hörte ich, wie einer meiner Musiker mich ansagte. „Und jetzt für Sie – Roberto Blanco!"

Ich öffnete langsam die schwere Tür zum Saal. Die nächsten Sekunden werde ich nie vergessen. Der Raum war vielleicht 50 Meter lang, sehr beeindruckend und elegant und mit prachtvollen Kerzenleuchtern geschmückt. In der Mitte stand ein Tisch. An dem saßen – sechs Personen. Für eine Sekunde verlor ich die Fassung. Ich trat vor – sechs Personen auf? So etwas hatte ich noch nie erlebt. Mir fiel plötzlich Josephine Baker wieder ein, die mir einst geraten hatte: „Egal, ob du vor fünf oder 5.000 Menschen spielst, Publikum ist Publikum, sei immer positiv." Meine Musiker standen mit ihren Instrumenten auf der Bühne und beobachteten meine Reaktion mit Argusaugen. Später meinte mein Bassist, meinen Gesichtsausdruck beim Reinkommen hätte man filmen sollen.

Ich sammelte mich schnell wieder und rief den Geburtstagsgästen zu: „Guten Abend, ich freue mich sehr, jetzt für euch alle zu singen." Da gab es schon mal Gelächter. Wir lieferten eine richtig gute Show ab, als ob wir in einer ausverkauften Halle gespielt hätten. Am Schluss stand ein Mann auf und sagte: „Herr Blanco, ich weiß, Sie sind eigentlich daran gewöhnt, vor vielen Leuten aufzutreten, aber heute ist der Geburtstag meiner Mutter. Und weil sie ein großer Fan von Ihnen ist, hat sie sich Sie gewünscht. Sie wollte mit uns, ihrer Familie, und mit Roberto Blanco feiern." Das war so toll. Ich fühlte mich wahnsinnig geehrt und hatte Gänsehaut. So etwas erlebt man nicht alle Tage. Später saß ich noch mit der Familie am Tisch, wir haben zusammen gegessen und ich habe mich lange mit dem Geburtstagskind unterhalten. Alle waren sehr glücklich, ich auch. Das war einmalig.

Solche Erfahrungen sind kostbar. Sie nehmen den traurigen Zeiten das schwere Gewicht.

※

Ob es auch Engagements gab, wo etwas richtig danebenging? Ja klar! Einmal bin ich haarscharf an einer großen Peinlichkeit vorbeigeschlittert. Ich trat in Düsseldorf auf, vor 500 oder 600 Leuten. Um mit ihnen warm zu werden, machte ich ein paar Gags, wie jedes Mal. Und dann sollte ich mit dem „Puppenspieler von Mexiko" loslegen. Das Orchester spielte die ersten Takte. Doch plötzlich wusste ich nicht mehr, wie das Lied anfing. Ich hatte einen richtigen Blackout. Mir fiel kein einziges Wort des Textes ein – obwohl ich es ja schon gefühlte 1.000 Mal gesungen hatte. Da bekam ich Panik. Ich ließ meine Handgelenke rotieren, das ist das Zeichen für meine Band, dass sie weiterspielen muss. Während ich extra breit lächelte und versuchte, das Publikum mit weiteren Gags zu unterhalten, wisperte ich zum Pianisten: „Wie fängt das Lied an?" Der reagierte leider überhaupt nicht. Er schien mich nicht gehört zu haben. Also redete ich weiter: „Meine Damen und Herren, hier, mein Pianist, er ist schon so und so viele Jahre bei mir. Und jetzt bitte, ein Applaus für meinen Schlagzeuger." Ich redete und redete. Dann zischte ich wieder in Richtung Pianist, jetzt nachdrücklicher: „Wie fängt es an? Das Lied!!!" Er sah mich erstaunt an. Und kapierte endlich, was los war. „Auf dem Markt von Albuquerque …", flüsterte er. Sofort war der gesamte Text wieder da. Das hätte ungut ausgehen können.

Und einmal hat meine Sekretärin das Datum eines Auftritts falsch notiert. Ich flog nach Düsseldorf, mietete dort ein Auto und fuhr zu der Halle, in der ich spielen sollte. Als ich ankam, war ich sehr überrascht: Da war keine Menschenseele. Irgendwann kam ein freundlicher älterer Herr vorbei, es stellte sich heraus, dass er der Hausmeister war. Er fragte mich etwas verdattert: „Herr Blanco, was machen Sie denn hier?" „Soll ich heute nicht hier auftreten?", erkundigte ich mich. „Nein, das ist morgen!" Erst dachte ich: „So ein Mist." Und dann: „Gott sei Dank!" Es ist immer noch besser, einen Tag zu früh da zu sein, als einen Auftritt zu verpassen. Insgesamt kann ich die Male, bei denen etwas danebengegangen ist, an einer Hand abzählen.

**Manchmal verlischt die Liebe
wie eine Kerze
und manchmal hält sie
100 Jahre**

15

Die Liebe ist ein Geschenk, das größte überhaupt. Man kann sie nicht kontrollieren und auch nicht festhalten. Wenn man das versucht, vertreibt man sie. Man muss sehr vorsichtig mit ihr umgehen, um sie zu bewahren. Wie mit einem kostbaren Schatz. Ich will alles dafür tun, Luzandras und meine Gefühle füreinander bis an mein Lebensende zu hüten.

Bei ihr war ich mir nach kurzer Zeit sicher: Das ist die Frau, mit der ich den Rest meines Lebens verbringen will. Ich möchte sie heiraten. Denn sie ist mein größtes Glück.

Luzandra hat so viel Herzenswärme und einen guten, starken Charakter. Sie hat schon einiges durchgemacht im Leben. Ihre Mutter starb, als sie erst acht Jahre alt war. Deswegen musste sie schon früh erwachsen werden und Verantwortung übernehmen.

Luzandra ist keine Frau, die eine Beziehung eingeht, um Geschenke zu bekommen, sondern um gemeinsam etwas aufzubauen. Sie kämpft für unsere Träume. Sie ist jemand, der mir in den schwersten Stunden zur Seite steht und nichts fordert.

Nach etwa einem Jahr Zusammenleben in München flogen wir nach Kuba. Ich wollte ihren Vater unbedingt kennenlernen. Wir fuhren zu Luzandra nach Hause und ich fühlte mich dort sofort wohl, ihr Vater war mir auf den ersten Blick sympathisch. Wir saßen entspannt im Wohnzimmer und redeten. Plötzlich, aus heiterem Himmel, fragte ich ihn: „Ich würde gerne Ihre Tochter heiraten." Da öffnete er die Arme ganz weit und sagte: „Willkommen in der Familie." Luzandra fiel aus allen Wolken, sie war total perplex, denn ich hatte mit ihr vorher nicht darüber gesprochen. Für sie war es eine große Überraschung, sie dachte zuerst, ich hätte zu viel Cuba Libre getrunken, weil ich sie vorher nicht gefragt und kein Wort über mein Vorhaben verloren hatte. Dann war sie außer sich vor Freude, küsste und umarmte mich fest.

Es war wie im Kino. Die Nachbarn kamen vorbei, weil sie gehört hatten, dass Luzandra zu Besuch war. Und ihr Vater rief stolz: „Ich habe tolle Neuigkeiten, meine Tochter heiratet! Was wollt ihr trinken?" Diese Nachricht sprach sich natürlich schnell im Ort herum und immer mehr Leute kamen, um uns zu besuchen und um zu gratulieren. Was war das für ein heiterer Nachmittag! Ich liebe diese fröhliche Gastlichkeit auf Kuba.

Es kam aber auch zu einer lustigen Verwechslung. Luzandra nennt mich „Papi" und ich sie „Mami", das sind kubanische Kosenamen, wie die Deutschen „Mausi" oder „Schatzi" sagen. Als sie „Papi" rief, haben wir uns beide umgedreht: ihr Vater und ich. Daraufhin habe ich zu ihr gesagt: „Luzandra, du musst uns jetzt ganz klar unterscheiden: Er ist der Papa und ich bin Papi!" Das war zu komisch, aber bis heute kriegen wir das nicht richtig hin.

Nach ein paar Tagen sind wir weiter nach Cienfuegos zu meiner Familie gereist. Dort lebt mein Cousin, der Sohn des Bruders meines Vaters. Wir nennen ihn Picasso, weil er aussieht wie der berühmte Maler. Seine Kinder, praktisch unser ganzer Familienclan, ist in der Hauptstadt von Zentral-Kuba beheimatet.

Auf Kuba herrschen ganz andere Verhältnisse als in Europa. Man muss sich das mal vorstellen: Der Sohn von Picasso ist Chefarzt an der Unfallklinik in Cienfuegos, er bekommt dafür etwa 80 Dollar Gehalt im Monat. Den Rest verdient er sich dazu, indem er Hausbesuche macht. Von den Patienten kriegt er ein bisschen Geld. Aber vor allem Lebensmittel, vom einen Bohnen, vom zweiten Reis, vom dritten Fleisch. Wir haben uns mit der ganzen Familie im Hotel Jagua getroffen. Luzandra war vorher furchtbar aufgeregt, aber meine Familie hat sie sofort ins Herz geschlossen. Nur einer hat gefehlt. Mein Vater. Schmerzlich. Ich musste ständig an ihn denken. Er wäre so stolz auf mich gewesen, dass ich nach so vielen Jahren eine Kubanerin heirate. Er war stolz. Denn er sah aus dem Himmel herunter auf seine geliebte Heimat Cienfuegos, seine wunderbare Familie und seinen Sohn, der vor Glück strahlte.

※

Nicht nur meine Familie, auch meine langjährigen Freunde und Bekannten mochten Luzandra auf den ersten Blick. Während wir wieder eine Schiffsreise mit der MS Europa um Südamerika herum unternahmen, bummelten wir gemütlich durch Buenos Aires und kamen am Teatro Apolo vorbei. Draußen hing ein riesiges Plakat, das für den nächsten Abend ein Konzert mit Julio Iglesias ankündigte. Julio und ich kennen uns ja seit Ewigkeiten und ich beschloss spontan, für das Konzert eine Loge zu reservieren. Ich habe einen Brief an

Julio geschrieben und einen der Verantwortlichen im Teatro angesprochen: „Würden Sie so lieb sein, das hier meinem Freund und Kollegen Julio Iglesias zu geben? Wir haben oft zusammen gearbeitet." Ich zeigte ihm meine Logentickets: „Sehen Sie, ich habe eine Loge gekauft und ich würde ihn gerne überraschen."

Als wir das Gebäude am nächsten Tag betraten, kam die äußerst attraktive Sekretärin von Julio gleich auf mich zu – sie war eine Kopie seiner Frau. „Herr Blanco, Señor Iglesias freut sich so, dass Sie hier sind. Er bittet Sie, nach der Show an dieser Tür zu warten. Dort holt er Sie ab." Das Konzert war mitreißend, das Publikum liebte und feierte den spanischen Sänger und seine Lieder.

Nach dem Konzert warteten Luzandra und ich gemeinsam mit unseren Freunden, dem Ehepaar Forster, an besagter Tür. Julio kam kurz darauf heraus. Als er mich sah, riss er die Arme hoch und rief: „Mein großer Bruder! Wie lange ist es her? Da, wo ich dich am wenigsten vermute, tauchst du auf." Er hat sich riesig gefreut und mich in die Arme genommen. Uns beide hat schon immer eine große Herzlichkeit verbunden. Dann guckte er auf Luzandra: „Und wer ist das?" Ich stellte die beiden vor. Er fragte, wie wir uns kennengelernt hatten, was unsere Pläne waren und so weiter. Dann wollte Luzandra ein Foto von Julio und mir machen. Ich kenne meinen lieben Julio, er ist etwas eitel. Kurz bevor sie abdrückte, stoppte er sie. „Moment. Bitte nicht frontal, am besten sehe ich aus, wenn man mich von links fotografiert." Ach, ich mag ihn. Er ist ein toller Künstler und ein sehr netter Mensch.

Bei unserer Verlobungsfeier auf den Seychellen, am Strand von Mahé, konnte er leider nicht dabei sein. Luzandra sah aus wie eine Märchenprinzessin in ihrem wunderschönen Kleid, auch die meisten anderen Gäste waren ganz in Weiß gekommen. Es war eine großartige Party und wir feierten ausgelassen bis in die Morgenstunden. Als wir danach wieder zu Hause in Deutschland waren, klingelte eines Abends das Telefon. Ich hob ab – und am anderen Ende der Leitung war ein Polizist. „Entschuldigung, Herr Blanco", sagte er, „aber ich habe hier eine Anzeige gegen Sie wegen Bigamie." „Wie bitte?", fragte ich entrüstet. „Wieso das denn?" „Weil Sie gerade geheiratet haben, obwohl Sie ja noch verheiratet sind." „Ich habe nicht geheiratet", sagte ich. „Ich habe mich verlobt, können die Leute denn nicht lesen?" Ich bekam danach noch zwei weitere Anzeigen wegen Bigamie, jedes Mal rief mich die Polizei an, entschuldigte sich allerdings dafür. Ich verstehe das nicht. Haben die Menschen nichts anderes zu tun? Haben die keine eigenen Probleme?

Nachdem ich von Mireille im November 2012 geschieden worden war, heirateten Luzandra und ich im September 2013 in München, im Standesamt an der Mandlstraße gleich am Englischen Garten. Unsere Trauzeugen waren Madeleine Forster und Uli Bettermann. Danach haben wir im Seehaus gefeiert. Sie sah zauberhaft aus, wie ein Engel. Sie war mein Engel. Wenn ihr jemand etwas tut, explodiere ich. Das ist nämlich einmal passiert, bei einer Sportveranstaltung in München.

❦

Ich redete gerade mit irgendeinem Kollegen, als ich sie rufen hörte: „Papi, was will der von mir?" Ein Reporter war

Luzandra sehr nahe gekommen und frech geworden. Er hatte sie regelrecht bedrängt und provoziert. Der wollte natürlich, dass ich ausraste, um eine Geschichte zu haben. „Hören Sie mal, was machen Sie da?", habe ich ihn angeraunzt und weggeschubst. „Behandeln Sie uns bitte mit Respekt!" Am nächsten Tag stand in vielen Zeitungen: Bei Roberto liegen die Nerven Blanco. Da wurde ich sauer.

Ich käme nie auf die Idee, dass jemand, der etwas gegen mich schreibt, ein schlechter Journalist ist. Aber wie er das schreibt … das spricht oft Bände.

Journalismus ist ein Beruf, genau wie Arzt oder Hotelier oder Sänger. Und es sind Menschen, die diese Berufe ausüben. Es gibt gute Sänger und weniger gute Sänger. Es gibt gute Journalisten und weniger gute Journalisten. Ich dachte immer, einer der Grundsätze des Journalismus ist, zu recherchieren, oder nicht? Aber viele schreiben, ohne zu recherchieren. Der Typ hätte mich doch anrufen und nachfragen können, was sich wirklich zugetragen hat! Aber das ist in den wenigsten Fällen passiert, wenn jemand eine Geschichte über mich verfasst hat. Danach hieß es immer: Das ist Meinungsfreiheit. Und wenn man sich dagegen wehrt, ist man der Böse.

Ich rief also einen der Reporter, die sich über meine „Blanco"-Nerven ausgelassen hatten, an und machte ihm klar: „Das geht definitiv unter die Gürtellinie. Wenn Sie mich mal wieder irgendwo sehen, kommen Sie mir bloß nicht zu nahe. Dann passiert etwas. Und dann haben Sie echt einen Grund, zu schreiben."

Ein paar Wochen später war ich zu diesem Thema in Frank Plasbergs Sendung „Hart, aber fair" eingeladen. Gemeinsam mit den anderen Gästen haben wir uns das Video dieses Vorfalls angeguckt. Alle bemerkten, wie nah mir der Reporter gekommen war. So nah, als wolle er mir einen Kuss geben. Und jeder im Studio bekam mit, dass diese Situation total inszeniert war, der Typ wollte unbedingt, dass ich ausflippe. Ich habe die anderen Gäste gefragt: „Was hätten Sie in meiner Lage getan? Etwa eine Flasche Champagner geöffnet und mit ihm angestoßen?" Ich habe ihn aber nur leicht weggestoßen und ihm keine Ohrfeige gegeben, auch wenn der Journalist sofort, nachdem ich in berührt hatte, schmerzverzerrt das Gesicht verzog. Nach der Sendung habe ich viele E-Mails bekommen: „Bravo, Herr Blanco, das haben Sie richtig gemacht!"

❧

Ich mag es einfach nicht, öffentlich über Dinge zu reden, die außer mich und meine allernächsten Mitmenschen keinen etwas angehen. Einmal habe ich bei einer Show mitgemacht, die hieß „Der Promi-Trödeltrupp" – das war die schlimmste Fernsehsendung meines Lebens. Ich wollte mich von einigen Gegenständen trennen, was mir generell schwerfällt. Es waren zum Beispiel alte spanische Pistolen, ein paar Koffer, ein Silberservice und so weiter. Wirklich keine schlechten Sachen. Die Moderatoren sollten den Wert meiner Besitztümer beurteilen und dann sollte ich um den Preis feilschen. Aber am zweiten Tag des Drehs merkte ich, dass alles vorher abgesprochen war. Die Preise, die sie für meine Waren zahlen wollten, der Verlauf der Sendung, die Dialoge, alles. Dann meinte der Moderator zu mir vor laufender Kamera: „Normalerweise geben alle Teilnehmer der Sendung etwas für einen guten Zweck." „Das will ich auch tun", antwortete ich. „Welcher Organisation und wie viel wollen Sie spenden?" fragte er. „Das sage ich nicht, das geht niemanden etwas an", entgegnete ich.

Er war wohl nicht zufrieden mit der Antwort, denn ich bekam nachher von seiner Redaktion sehr unfreundliche E-Mails. „Sie müssen uns sagen, an wen Sie spenden", insistierten die Redakteure. „Ich muss gar nichts", gab ich zurück. „Wir haben nicht gedacht, dass Sie so geldgierig sind", schrieben die wieder. Was für eine Frechheit! „Das ist meine Sache. Dankeschön. Lassen Sie mich in Ruhe."

❧

Wenn mir etwas am Herzen liegt, engagiere ich mich, ohne viel Wind darum zu machen. Ich habe zum Beispiel einen Videoclip zugunsten der Deutschen Alzheimer Gesellschaft gedreht. Im diesem Spot verirre ich mich ins falsche Konzert, auf eine Bühne, auf der sich bereits die Heavy-Metal-Band Sodom befindet. Und im Publikum warten unzählige Heavy-Metal-Freaks auf deren Songs – und nicht auf meine. Der verblüffte Gesichtsausdruck der Fans, als plötzlich ich erscheine, ist allerdings echt, denn das Publikum war nicht eingeweiht, dass an diesem Abend ein Video gedreht würde. Der Clip ist zwar humorvoll, aber auch sehr traurig. Alzheimer ist eine schreckliche Krankheit, ich habe zwei enge Freunde durch sie verloren: Gunter Sachs und Helmut Zacharias.

❧

Letztes Jahr ging es mir gesundheitlich kurzzeitig nicht so gut. Ich hatte einen Schwächeanfall. Wir waren bei Freunden zu

Besuch und auf einmal bekam ich starke Schmerzen in der Brust, die zogen sogar hoch bis in die rechte Gesichtshälfte. Luzandra war außer sich vor Angst und Sorge und wich im Krankenhaus in Linz keine Sekunde von meiner Seite. Ich wurde zwei Tage lang komplett durchgecheckt und Gott sei Dank wurde nichts Ernsthaftes gefunden. Ich hatte eine Infektion, aber keine lebensbedrohliche Krankheit. Trotzdem wird einem durch so eine Sache die eigene Endlichkeit bewusst.

※

Manchmal, wenn ich zu Hause bin, betrachte ich in Ruhe die vielen schönen Dinge, die ich während meiner Reisen auf der ganzen Welt gesammelt habe. Ich sitze einfach nur da, halte die Mitbringsel in meiner Hand und durchlebe noch einmal die einzigartige Momente: meinen Besuch beim Papst mit meinem Vater, den Flug in der Concorde mit Gianni Agnelli als Nachbarn, meinen Acapulco-Trip mit dem großartigen Rudi Carrell, meine erste gemeinsame Kreuzfahrt mit Luzandra.

Mein wertvollstes Stück habe ich allerdings immer dabei: eine kubanische Madonna, die ich als Kind von meinem Vater bekommen habe. Sie passt auf mich auf und beschützt mich. Einmal habe ich sie in einem Hotel vergessen. Das war vielleicht furchtbar! Ich war völlig außer mir und rief sofort dort an. Die Dame an der Rezeption war leicht verwundert. „Wir haben etwas in Ihrem Zimmer gefunden, wissen aber nicht genau, was das ist." „Das ist meine Madonna! Bitte schön dick einpacken, bevor Sie sie zur Post bringen!!! Sie ist mein größter Schatz", erklärte ich ihr mit Nachdruck. Die

Madonna kam heil wieder bei mir an, das Hotel hatte sogar ein paar Blumen mitgeschickt.

⁊⁊

Wenn ich ab und zu in meinen alten Adressbüchern blättere, werde ich wehmütig. Denn der eine oder andere Mensch, zu dem die leicht vergilbte Adresse gehört, lebt nicht mehr und hat eine schmerzliche Lücke hinterlassen. Alfonso von Hohenlohe, Udo Jürgens, mein unglaublich großzügiger Freund Dr. Wolf Forster, mit dem ich die tollsten Reisen unternommen habe. Meine geliebte Schwester Lazara. Ich entferne nie einen Namen aus den Büchern, das tut mir zu weh. Nur für die Weihnachtspost mache ich ein Zeichen dahinter, dass ich keine Karte mehr zu schicken brauche.

So traurig ich darüber bin, dass mich enge Weggefährten und Herzensmenschen bereits verlassen haben, so wenig fühle ich mich, als ob ich schon zum „alten Eisen" gehören würde. Keine Sekunde fühlt sich mein Körper an, als ob er schon 80 Jahre alt wäre. Und mein Geist sowieso nicht. Wenn Luzandra und ich abends mal so richtig ausgehen, in eine Disco oder einen Club, muss sie mich von der Tanzfläche holen. Ich habe weit mehr Durchhaltevermögen beim Feiern als sie. Dafür schlägt sie mich im Schach. Sie war in der kubanischen Schach-Nationalmannschaft.

Auch meine neue Single „Eina geht no rein" hat so richtig viel Power: Es ist eine Gute-Laune-Walzer-Nummer, die ordentlich Stimmung macht. Der Liechtensteiner Al Walser, der schon einen Grammy gewonnen hat, hat sie für mich geschrieben und in Los Angeles produziert, wie den Rest des

204

neuen Albums. Das kommt Ende des Jahres heraus. Ich freue mich schon darauf.

‏❧‎

Luzandra und ich haben unseren Wohnsitz heute in der Schweiz. Erst sind wir wegen meiner Schwester Lazara nach Genf gezogen, nach ihrem Tod haben wir unser Zuhause in die Nähe des Bodensees verlegt. Die Welt ist meine Wohnung und Deutschland ist mein Wohnzimmer, habe ich immer gesagt, schließlich lebte ich ganze 61 Jahre in Wiesbaden und München. Aufgewachsen bin ich im Libanon und in Spanien und spreche sieben Sprachen. Ich fühle mich vielen Orten verbunden. Und dann gibt es noch Kuba, die Heimat meiner Eltern und das Sehnsuchtsland meines Vaters, das in meinem Herzen immer eine besondere Stellung hat. Es ist mein Kraftort, ich fühle mich da wohl und behütet, aber auch voller Energie. Das nächste Mal, wenn Luzandra und ich nach Kuba fahren, wollen wir versuchen, mehr über die Familie meiner Mutter herauszufinden und zu ihr Kontakt zu knüpfen. Von ihr weiß ich leider wenig.

Meine Mutter Mercedes ist im Libanon begraben, dorthin möchte ich wirklich bald reisen. Zuletzt war ich 1971 da, kurz bevor der Krieg anfing, es ist ein wunderschönes Land. Ich habe so kostbare Erinnerungen an meine Zeit im Libanon, ich bin ja in den 60er-Jahren ein paarmal in Beirut aufgetreten. Einmal kamen über 50 ehemalige Mitschüler von Sacre Coeur, das ging mir sehr ans Herz. Jedes Mal, wenn ich dort war, habe ich das Grab meiner Mutter gepflegt, es lag auf einem schönen Friedhof am Meer. Den gibt es nicht mehr. Angeblich wurde auf dem Grund ein Hotel gebaut. Jetzt gerade ist ein Freund von mir in Beirut. Ich habe ihn um etwas gebeten: „Guck nach, wenn du Zeit findest, ob meine alte Schule noch steht. Und das Kloster. Dafür wäre ich dir sehr dankbar."

Diese beiden Orte, die so prägend für mein Leben waren, würde ich gerne mit Luzandra zusammen besuchen. Ich habe ihr versprochen, dass wir uns ganz bald Zeit nehmen und eine große Reise machen. Ich möchte ihr die schönsten Plätze auf der Welt zeigen, all das, was ich auch schon gesehen habe und noch viel mehr.

Sie kümmert sich so lieb um mich und setzt alles daran, dass es mir immer gut geht. Wenn wir zu Hause sind, mögen wir es beide gemütlich. Normalerweise schlafe ich gerne so richtig aus, neun bis zehn Stunden. Dann kuscheln wir noch ein bisschen und nach einem ausgiebigen Frühstück oder Brunch gehen wir am See spazieren.

Wenn ich mal früh aufstehen muss, stelle ich mir lieber drei Wecker, sonst klappt das nicht. Wir kochen beide mit großer Hingabe: Ich bin für das Fleisch zuständig, sie ist Spezialistin für Bohnen und Reis. Beim Essen verbiete ich mir nichts. Solange es mir gut geht, muss ich das ausnutzen.

Ich danke dem lieben Gott jeden Tag für das, was ich im Leben alles habe und hatte. 99,9 Prozent der Menschen in den deutschsprachigen Ländern kennen mich. Das muss mir erst mal einer nachmachen. Oft war ich bei einem Stück Fernsehgeschichte dabei: bei Thomas Gottschalks erster „Wetten, dass …?"-Sendung zum Beispiel, er hat mich öfter als Gast eingeladen. Ich habe die größten Künstler der Welt live in Las Vegas erlebt: Frank Sinatra, den „King" Elvis Presley, Paul Anka,

Sammy Davis, Jr., Dean Martin, Tom Jones, Engelbert und Frank Sinatra in Begleitung von Udo Jürgens.

❦

Ich bin dankbar dafür, welche Menschen ich getroffen habe. Wen ich lieben und wie ich leben durfte. Gott hat mir die Chance gegeben, 80 Jahre alt zu werden. Und hoffentlich noch viel älter. Ich bin gesegnet, dass ich in meinem Alter noch einmal eine so eine große Liebe mit Luzandra erleben darf. Ich genieße mein Leben. Jede Sekunde und jede Minute koste ich doppelt aus. Ich freue mich über ganz alltägliche Dinge: mit meiner Frau gut essen zu gehen, gemeinsame Abende mit Freunden, die Zeit, die mir bleibt.

Mein Glaube hat mir in meinem Leben sehr oft weitergeholfen. Ich gehe gerne in die Kirche und bete viel. Nicht unbedingt am Sonntag, wie als Kind im Internat. Aber immer, wenn mir danach ist.

In Bezug auf Mireille, Mercedes und Patricia muss ich sagen: Was passiert ist, ist passiert. Ich blicke nach vorne, nicht zurück. Alles andere bringt nichts. Ich wünsche allen dreien, dass sie ihr Glück finden und gesund bleiben. Und dass sie zufrieden mit ihrem Leben sind.

Ich hoffe, dass es der liebe Gott weiterhin gut mit mir meint und mir noch viele wunderbare Jahre mit Luzandra schenkt. Und dass Sie, mein liebes Publikum, weiter an mich glauben und wir noch viele herrliche Stunden miteinander verbringen. Ohne Sie wäre ich heute nicht der, der ich bin. Einer, der heiter, gelassen und erfüllt auf sein Leben blickt. Und zuversichtlich in die Zukunft.